ADAC Reiseführer

Kroatische Küste Dalmatien

von Peter und Rainer Höh

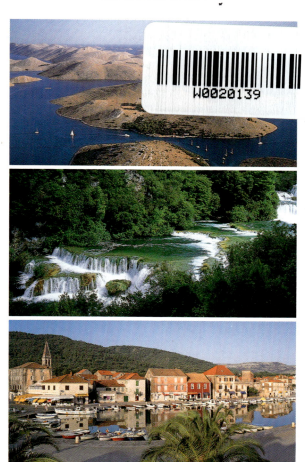

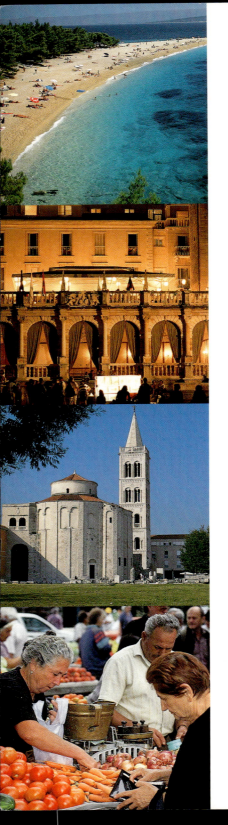

☐ Intro

Kroatische Küste – Dalmatien Impressionen   6

Auf Europas Sonnenbalkon

Geschichte, Kunst, Kultur im Überblick   12

Von Illyrern, Römern, Osmanen, Venezianern, Habsburgern und Jugoslawen

☐ Unterwegs

Zadar und das nördliche Dalmatien – alte Hauptstädte und atemberaubende Naturschönheiten   18

- **1** Zadar 18
  - Rund um den Narodni trg 20
  - Das antike Zentrum 22
  - Entlang der Stadtmauer 24
- **2** Ugljan 26
  - Preko 26
  - Ugljan 26
  - Kukljica 27
- **3** Pašman 27
  - Pašman und Kraj 27
  - Tkon 29
- **4** Iž 30
- **5** Dugi Otok 31
  - Sali 31
  - Der Inselsüden 31
  - Der Inselnorden 31
- **6** Sestrunj, Molat, Ist 33
- **7** Kornaten-Archipel 35
- **8** Nin 37
- **9** Nationalpark Paklenica 39
- **10** Nationalpark Plitwitzer Seen 41

Die norddalmatinische Küste von Biograd na Moru bis Vodice – ein Paradies für Wassersportler   44

- **11** Biograd na Moru 45
- **12** Pakoštane 47
  - Vransko jezero 47
  - Vrana 47
- **13** Pirovac 48
- **14** Murter 48
- **15** Vodice 51

**Zwischen Šibenik und Trogir –
mittelalterliche Städte,
wilde Wasserfälle und beliebte
Badeorte** 53

- **16** Šibenik 53
- **17** Nationalpark Krka 58
  - Skradin 59
- **18** Archipel von Šibenik 60
  - Privić, Zlarin 60
  - Krapanj, Kaprije, Žirje 61
- **19** Primošten 61
- **20** Rogoznica 63
- **21** Trogir 64
  - Vom Landtor zur Kathedrale 64
  - Rund um den Trg
    Ivan Pavla II 66
  - An der Uferpromenade 67
  - Ausflug nach Ciovo 68
- **22** Kaštela 68

**Split und sein Archipel –
eine Metropole im Römerpalast
und ein Inselparadies** 71

- **23** Split 71
  - Diokletianspalast 72
  - Mittelalterliches Split 74
  - Museumsviertel 75
  - Berg Marjan 76
  - Salona, Klis und Sinj 76
- **24** Brač 77
  - Supetar 78
  - Inselrundfahrten 78
- **25** Šolta 83
- **26** Hvar 84
  - Stari Grad 85
  - Vrboska und Jelsa 85
  - Hvar 86
- **27** Vis und Biševo 89

**Mosor-Küste und Makarska-
Riviera – traumhafte Strände
vor einsamer Gebirgskulisse** 91

- **28** Omiš 91
  - Cetina-Schlucht 92
- **29** Brela und Baška Voda 93
- **30** Makarska 94
  - Nationalpark Biokovo 95
- **31** Tučepi, Igrane und
  Gradac 97

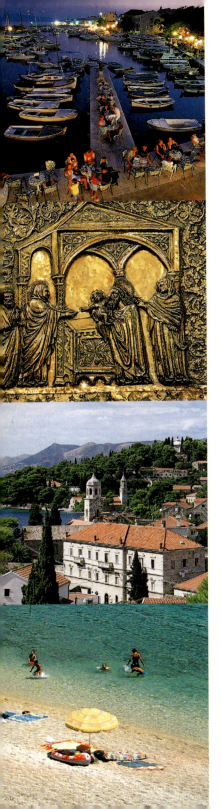

Rund um die Halbinsel Pelješac – der blühende Garten Dalmatiens und das bezauberndste aller Hafenstädtchen 99

32 Ploče und das Neretva-Delta 99
33 Neum 99
34 Trsteno 100
35 Pelješac 101
  Ston 101
  Inselrundfahrt 102
36 Korčula 104
  Korčula 104
  Rund um Korčula 105
  Von Korčula nach Vela Luka 106

Dubrovnik und seine Inselwelt – die Perle der Adria und subtropische Eilande 109

37 Dubrovnik 109
  Stadtbefestigung 111
  Stradun und Umgebung 113
  Rund um die Placa Luža 114
  Südliche Altstadt 117
  Sommerfrische Lokrum 118
38 Cavtat 119
  Konavle-Tal 120
39 Elaphiten-Archipel 120
  Koločep 121
  Lopud 121
  Šipan 122
40 Mljet 122

Kroatische Küste – Dalmatien Kaleidoskop

Karstphänomene 36
Glagoliza, Kyrilliza und die Christianisierung des Balkans 38
Wie Wasser Dämme baut 42
Ein Paradies für Skipper 50
Juraj Dalmatinac – Baumeister zwischen Gotik und Renaissance 57
Die Weinberge von Primošten 62
Altkroatische Kirchen 93
Kleine Wiege der Menschenrechte 96
Moreška, der wilde Säbeltanz von Korčula 107
Ein Kopf voller Wunder 114
Wer serviert was? Gostionas, Konobas und Kavanas 129

Karten und Pläne

Norddalmatien vordere Umschlagklappe
Süddalmatien hintere Umschlagklappe
Zadar 19
Norddalmatinische Inseln 28
Šibenik 54
Trogir 64
Split 72
Mitteldalmatinische Inseln 82/83
Süddalmatinische Inseln 102/103
Dubrovnik 110

Service

Kroatische Küste – Dalmatien aktuell A bis Z   125

Vor Reiseantritt 125
Allgemeine Informationen 125
Anreise 126
Bank, Post, Telefon 128
Einkaufen 128
Essen und Trinken 128
Feste und Feiern 130
Klima und Reisezeit 131
Kultur live 131
Museen und Kirchen 132
Sport 132
Statistik 134
Unterkunft 134
Verkehrsmittel im Land 135

Sprachführer   136

Kroatisch für die Reise

Register   141

Impressum 143
Bildnachweis 143

Leserforum

Die Meinung unserer Leserinnen und Leser ist wichtig, daher freuen wir uns von Ihnen zu hören. Wenn Ihnen dieser Reiseführer gefällt, wenn Sie Hinweise zu den Inhalten haben – Ergänzungs- und Verbesserungsvorschläge, Tipps und Korrekturen – dann schreiben Sie uns bitte:

**Redaktion ADAC Reiseführer
ADAC Verlag GmbH
81365 München
verlag@adac.de
www.adac.de/reisefuehrer**

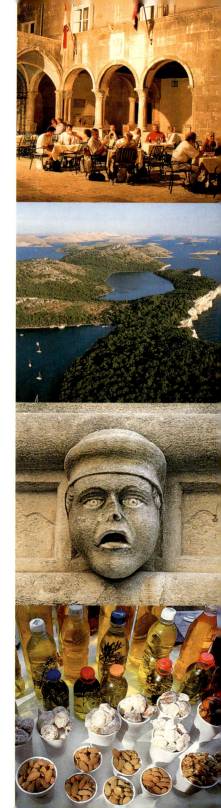

Kroatische Küste – Dalmatien Impressionen
Auf Europas Sonnenbalkon

Der nach Süden hin immer schmaler werdende Küstenstreifen an der östlichen Adria trägt den Namen **Dalmatien** und ist Teil der 1991 proklamierten *Republik Kroatien*. Das Gebiet erstreckt sich zwischen Zadar im Norden und Dubrovnik im Süden. Es wird geteilt durch einen nur wenige Kilometer breiten Korridor bei Neum, der zu *Bosnien-Herzegowina* gehört. Die dalmatinische Küstenlandschaft ist der traditionelle Sonnenbalkon Europas: ein zerklüftetes, buchtenreiches Gestade, vor dem ein Labyrinth aus Hunderten von romantischen Eilanden liegt.

Urlaubsregion Dalmatien

Fünf Jahre lang blieb der Sonnenbalkon leer, nun wird er von einer bunten Urlauberschar neu entdeckt. Seit Ende 1995 ist ganz Kroatien wieder ein absolut **sicheres Reiseland**. Die dalmatinische Küste präsentiert sich schöner und verlockender denn je und ist noch einfacher und unbeschwerter zu bereisen als in der Vergangenheit. Und während an den kroatischen Küsten Istriens das Gedränge schon wieder recht groß ist, kann man in Dalmatien, besonders auf den Inseln, noch manch einsamen Strand entdecken.

Vom Bürgerkrieg, den der Zerfall Jugoslawiens Anfang der 1990er-Jahre auslöste, waren weite Teile der Küste kaum und die vorgelagerten Inseln überhaupt nicht betroffen. Lediglich einige Städte wie Zadar, Šibenik und Dubrovnik lagen unter serbischem Beschuss. Nach dem Waffenstillstand 1992 begann man sofort mit der Beseitigung der Kriegsschäden, sodass sich die dalmatinische Küstenregion heute wieder in alter Pracht zeigt. Überall wurde in den letzten Jahren eifrig gebaut, viele wertvolle **Baudenkmäler** wurden restauriert, **Hotelanlagen** modernisiert, neue Straßen geschaffen und vorhandene ausgebaut – und nun entsteht sogar eine neue **Autobahn**, die Reisende künftig noch schneller und bequemer zu den Stränden Dalmatiens bringen wird.

Oben: *Der weite Trg Sveti Stjpana mit der prächtigen Katedrala Sveti Stjepan macht Hvar zu einem der schönsten Orte der dalmatinischen Inseln.* **Unten:** *Auf engstem Raum – rund um die Dorfkirche von Primošten drängen sich die alten Steinhäuschen*
Links oben: *Wie im Paradies – erfrischendes Bad an den Wasserfällen von Krka*

Vom Image eines Billigreiselandes hat sich Kroatien inzwischen bewusst verabschiedet. Zu Zeiten Titos hatte man mit Erfolg auf Massentourismus gesetzt. Entlang der Küste entstanden damals riesige Campingplätze und einfache, gesichtslose Hotelburgen nach sozialistischem Einheitsmuster. Heute legt man Wert auf **Qualität** und **Service** und nähert sich dem Standard anderer Länder Südeuropas an. Auch die Preise liegen inzwischen auf dem Niveau anderer Mittelmeerregionen. Doch die Trumpfkarten der dalmatinischen Küste können sich sehen lassen: über 1000 km Festlandsküste, fast **700 Inseln** und Inselchen mit noch einmal fast 4000 km Küstenlinie, das klarste und sauberste Wasser des Mittelmeers, ausgezeichnete Bedingungen für Taucher, Segler und Wassersportler, vielfältige **Naturlandschaften**, faszinierende Nationalparks, malerische **Altstädte** mit einer Fülle von Baudenkmälern, eine hervorragende und äußerst vielfältige Gastronomie und vor allem: überaus gastfreundliche Menschen.

Norddalmatien – stille Inseln und wilde Berge

Von den zerklüfteten **Paklenica-Schluchten** bis zu den rauschenden Wasserfällen des **Krka-Nationalparks** reicht Norddalmatien. Und im Landesinneren liegen die Sinterterrassen von **Plitvice**. Zentrum der Region ist **Zadar** mit einer unglaublichen Vielfalt an Baudenkmälern aus seiner über

2000-jährigen Geschichte. Fruchtbares Hügelland mit malerischen Badeorten und mittelalterlichen Städten säumt die Küste, und die vorgelagerten Inseln sind ein Paradies für Wassersportler und Freizeitskipper. Diese segeln bevorzugt im **Kornaten-Archipel**, wo Hunderte unbewohnter Eilande und Riffe eine bizarre Kulisse von magischer Schönheit schaffen.

Oben: *Auf zu neuen Ufern – die Südspitze von Dugi Otok und das sich anschließende Kornaten-Archipel gehören zu den beliebtesten Segelrevieren der östlichen Adria*
Unten: *Sehen und Gesehenwerden – der Stradun ist die Flaniermeile von Dubrovnik*
Links oben: *Oase der Ruhe – im Kreuzgang des Dubrovniker Dominikanerklosters kann man sich vom Trubel in den Altstadtgassen erholen*
Links unten: *Reif für die Insel? Die Küste Dalmatiens, hier bei Dubrovnik, lädt zu entspannten Urlaubstagen ein*

Mitteldalmatien – zwischen Fels und Meer

Das Herzstück Dalmatiens umfasst das Gebiet zwischen Trogir und dem Neretva-Delta: uralte Städte, antike Ruinen, gewaltige Küstengebirge und stille Inselidyllen. Einen Höhepunkt gleich zum Auftakt setzt die mittelalterliche Museumsstadt **Trogir**. Zentrum der Region ist **Split**, die wohl einzige Metropole der Welt, die aus einem römischen Kaiserpalast hervorgegangen ist. Vor seiner Küste liegt

das raue Eiland **Brač** mit dem faszinierenden Hochland *Vidova Gora* und dem ›Goldenen Horn‹, dem beliebtesten Strand Kroatiens. Mit der Schönheit der Inseln konkurriert die Küste – die einstige Piratenfestung **Omiš**, hinter der sich die wildromantische Cetina-Schlucht öffnet, das steil aus dem Meer aufragende *Omiško-Gebirge* und die berühmte **Makarska-Riviera**, die sich über 50 km von Brela bis fast zum Delta der Neretva erstreckt. Dank langer, von Pinienwäldern und subtropischer Vegetation gesäumter Strände ist sie die kroatische Badeküste par excellence.

Süddalmatien – Festungsstädte und subtropische Paradiese

Als mildes, subtropisches Idyll mit viel besuchten Städten, üppig grünen Inseln und einsamen Baderevieren präsentiert sich Süddalmatien, das als schmaler Küstenstreifen vom Neretva-Delta bis zur Bucht von Kotor reicht. Hinter der blühenden Gartenlandschaft des **Neretva-Deltas** folgt – für den Reisenden kaum merklich – der schmale bosnische Korridor mit dem Ferienzentrum *Neum* und kurz danach die Abzweigung zur Halbinsel **Pelješac** mit der längsten Festungsmauer Europas. Gegenüber steigt wie eine Fata Morgana die trutzige Inselzitadelle **Korčula** aus dem Meer, ein Touristenmagnet ersten Ranges. Unbestreitbarer Höhepunkt ist **Dubrovnik**, die ›Perle der Adria‹. Unmittelbar vor ihren Toren wartet der subtropische Archipel der **Elaphiten** auf Erholungsuchende. Und als krönender Abschluss erhebt sich wie ein leuchtender Smaragd aus dem Blau der Adria **Mljet** mit seinem Nationalpark, zwei verträumten Salzseen und einer ›Insel auf der Insel‹, die durch eine paradiesisch gelegene Klosterfestung fasziniert.

Zwischen Orient und Okzident

Die Trennlinie zwischen Orient und Okzident verläuft quer über den Balkan. Die Spaltung, die bis heute zu Krieg und Völkermord führt, hatte bereits 395 mit der

Oben: *Auf große Fahrt gehen – die Marina von Korčula ist ein guter Ausgangspunkt für die Erkundung der landschaftlich reizvollen süddalmatinischen Inseln*
Links oben: *Garantiert nach alten Hausrezepten hergestellt – entlang der Küste werden immer wieder selbst gebrannte Schnäpse und Liköre angeboten*
Links Mitte: *Ein Ständchen für die Urlauber – Musiker sorgen in den Touristenlokalen für das Rahmenprogramm*
Links unten: *Abendliches Unterhaltungsprogramm – die Treppen vor dem Luxushotel Palace in Hvar sind der Treff der Jugend*

Teilung des **Römischen Reiches** in Ost- und Westrom begonnen. Weiter vertieft wurde die Kluft durch die allmähliche Abspaltung der griechisch-orthodoxen von der römisch-katholischen Kirche, die im griechischen Schisma von 1054 endgültig vollzogen wurde. Während die Kroaten und Slowenen der **römisch-katholischen Konfession** angehörten, das lateinische Alphabet verwendeten und durch die abendländische Kultur geprägt wurden, übernahmen die Serben und Bulgaren den **orthodoxen Glauben**, die kyrillische Schrift und die byzantinische Kultur. Noch komplizierter wurden die Verhältnisse auf dem Balkan durch den Vorstoß der Osmanen im 16. Jh., die in den Gebieten südlich und südöstlich von Kroatien den **Islam** einführten. Diese vielschichtige kulturelle, religiöse, sprachliche und ethnische Spaltung des Balkans führte zu Spannungen, die im Vielvölkerstaat **Jugoslawien** mit eiserner Klammer und durch das Geschick Titos in Zaum gehalten werden konnten. Nach seinem Tod entluden sie sich in grausamen Konflikten.

Prägend für das heutige Bewusstsein der Kroaten wurde aber auch die weitere Entwicklung ihres eigenen Territoriums. Der erste Herrscher eines vereinigten **Kroatien** war *Fürst Tomislav* (910–928). 180 Jahre lang blühte das Land unter seinen eigenen Königen. 1091 verlor es durch die ›Pacta Conventa‹ seine Unabhängigkeit und wurde bis in jüngste Zeit von fremden Mächten regiert: am längsten von Ungarn, Venedig, dem Habsburger Reich und von den Serben. Jahrhundertelang kämpften die Kroaten um ihre Autonomie und um die Erhaltung ihrer nationalen Identität. 1991 schließlich – nach genau 900 Jahren – erlangten sie ihre **Unabhängigkeit** wieder. Mit großem Stolz und Nationalbewusstsein wollen sie nun den ausländischen Gästen die landschaftlichen und kulturellen Schönheiten näher bringen, mit denen Kroatien so reich gesegnet ist.

Der Reiseführer

Dieser Band stellt Dalmatien in *sieben Kapiteln* vor. Die Beschreibung der Küste beginnt mit Zadar im Nordwesten und verläuft über Šibenik und Split bis nach Dubrovnik im Südosten. Dabei werden die zahlreichen Inseln und Archipele ebenso berücksichtigt wie die Nationalparks. Den Besichtigungspunkten sind **Praktische Hinweise** mit Informations-, Hotel- und Restaurantadressen angegliedert. **Übersichtskarten** und **Stadtpläne** erleichtern die Orientierung. Die **Top Tipps** geben Empfehlungen für Hotels, Restaurants, Strände, Aussichtspunkte etc. Umfassende Informationen für die Planung und Durchführung der Reise enthält der **Aktuelle Teil**. Hinzu kommt ein ausführlicher **Sprachführer**. **Kurzessays** runden den Reiseführer ab.

Geschichte, Kunst, Kultur im Überblick
Von Illyrern, Römern, Osmanen Venezianern, Habsburgern und Jugoslawen

12 000–10 000 v. Chr. Der Dinarische Graben wird überflutet, und es entsteht das Labyrinth der dalmatinischen Inseln.

4500–3000 v. Chr. Funde der jungsteinzeitlichen, nach der Ortschaft Danilo benannten Danilo-Kultur bei Šibenik und in Höhlen auf der Insel Hvar.

1800–1650 v. Chr. Funde bei Sinj und auf Hvar sowie Wallburgen auf der Insel Brač geben Aufschluss über die Cetina-Kultur der frühen Bronzezeit.

1100 v. Chr. Indoeuropäische Illyrer-Stämme wandern aus Mitteleuropa ein. Die Delmater lassen sich an der Adriaküste nieder und errichten Wehrsiedlungen, Pfahlbauten und Grabhügel.

500 v. Chr. Griechische Siedler gründen auf den süddalmatinischen Inseln Kolonien und Handelsniederlassungen.

389 v. Chr. Griechen aus Syrakus begründen auf der Insel Vis die Kolonie Issa, Siedler von der Insel Paros auf Hvar die Stadt Pharos, das heutige Stari Grad.

229/228 v. Chr. Im ersten Römisch-illyrischen Krieg muss die Illyrer-Königin Teuta eine Niederlage hinnehmen. Dimitrios von Hvar, zunächst Verbündeter von Teuta, unterstützt die Römer und etabliert einen Staat mit Zentrum in der Stadt Hvar.

219 v. Chr. Im zweiten Römisch-illyrischen Krieg wird Dimitrios geschlagen und die Stadt Hvar zerstört.

um 200 v. Chr. Griechen von Issa gründen die Kolonie Tragurion (Trogir).

155 v. Chr. Die Römer besiegen die Delmater und zerstören ihre Hauptstadt Delminium im Duvnoer Polje.

Diokletian, römischer Kaiser und Erbauer des Diokletianspalastes in Split

78 v. Chr. Rom erobert Salona.

43–39 v. Chr. Salona wird zur römischen Kolonie ›Martia Julia Salonae‹, die zunächst von den Delmatern eingenommen, dann aber 39 von Oktavian zurückerobert wird.

35–33 v. Chr. Im Illyrischen Krieg erobern die Römer unter Oktavian den gesamten Küstenraum Dalmatiens.

27 v. Chr. Dalmatien wird zur römischen Provinz ›Illyricum‹, die bis nach Istrien reicht und zeitweise auch diese Halbinsel umfasst.

6–9 n. Chr. Der letzte Illyrer-Aufstand gegen die Römer wird niedergeschlagen.

um 250 Venantius wird zum ersten Bischof von Salona gewählt.

284 Ernennung Diokletians zum römischen Kaiser.

293–305 Bau des gewaltigen Diokletianspalastes an der Küste, aus dem später die Stadt Spalatum (Split) entsteht.

305 Kaiser Diokletian dankt ab und zieht in seinen Palast, wo er 316 stirbt.

395 Nach dem Tod des Kaisers Theodosius zerbricht das Römische Reich in West- und Oströmisches Reich. Dalmatien gehört dem Westreich an.

425 Theodosius II. erobert Salona, Dalmatien fällt an Ostrom.

475 Niedergang des Weströmischen Reiches. Julius Nepos flieht in seine dalmatinische Heimat, wo er 480 im Diokletianspalast ermordet wird. Sein Nachfolger, Romulus Augustulus, wird 476 als letzter weströmischer Kaiser von den Germanen unter Odoaker entmachtet.

504 Die Ostgoten unter Theoderich dem Großen annektieren Dalmatien und beherrschen es bis 535.

535 Der byzantinische Kaiser Justinian I. erobert Salona, und 537 erringt Byzanz den endgültigen Sieg über die Goten in Dalmatien, das nun von der byzantinischen Provinzhauptstadt Ravenna aus verwaltet wird.

6./7. Jh. Im Zuge der Völkerwanderung dringen von Norden Slawen und Awaren in die Region ein. Sie zerstören Salona und beenden die byzantinische Herrschaft über Dalmatien.

621 Die Slawen besiegen die Awaren, und der südslawische Stamm der Kroaten besiedelt die pannonische Tiefebene und die Küste von Istrien und Dalmatien.

641 Beginn der Christianisierung in Kroatien.

7. Jh. Das Mausoleum Diokletians in Split wird Bischofskirche, Johannes von Ravenna erster Erzbischof in Split.

um 800 Višeslav, der erste namentlich bekannte kroatische Fürst, hat seinen Hof in Nin bei Zadar.

803 Dalmatien bis zur Cetina-Mündung wird Teil des

Frankenreiches Karls des Großen.

852 Fürst Trpimir begründet die erste kroatische Herrscherdynastie. In einer Schenkungsurkunde von 852 nennt er sich ›Durch Gottes Gnaden Fürst der Kroaten‹.

864 In der Zeit der Kirchenspaltung brechen die Kroaten die Beziehungen zu Byzanz ab und gründen ihr eigenes Bistum in Nin.

879 Fürst Branimir erklärt seine Treue zur Römischen Kirche, und Papst Johannes VIII. anerkennt den ersten selbstständigen Staat Kroatien.

910–930 Fürst Tomislav besiegt die Ungarn und vereint Pannonien mit Dalmatien.

925 Fürst Tomislav wird erster kroatischer König.

1075 Vom Gesandten Papst Gregors III. wird Fürst Zvonimir in Solin zum König gekrönt.

1102 Mit dem Tod von König Stjepan II. erlischt die kroatische Herrscherdynastie. Durch die ›Pacta conventa‹ wird der Ungarnkönig Koloman in Personalunion zum ›König von Ungarn, Kroatien und Dalmatien‹. Kroatien wird als selbstständiger Staat Teil des ungarisch-kroatischen Doppelreiches.

12. Jh. Byzanz verliert seinen Einfluss an der östlichen Adriaküste an Venedig. Wichtige Küstenstädte wie Split, Trogir und Šibenik werden wechselweise von Venedig, Byzanz und Kroatien erobert und wieder zurückerobert.

1329 Venedig beherrscht – nach der Niederlage Splits 1327 – bis auf Omiš die gesamte Küste Dalmatiens von Zadar bis zur Cetina-Mündung.

1357 Split und Trogir erheben sich gegen die venezianische Herrschaft.

1358 Venedig tritt im Frieden von Zadar Dalmatien ab, das sich wieder mit Kroatien zusammenschließt.

1403 Ladislaus von Neapel wird in Zadar zum ungarisch-kroatischen König gekrönt.

1409 König Ladislaus verkauft Zadar, Novigrad, Vrana und die Insel Pag für 100 000 Dukaten an Venedig.

1413–20 Die Inseln Brač, Hvar und Korčula fallen unter die Herrschaft von Dubrovnik.

1420 Venedig erobert Split, Trogir, Brač und Hvar, 1444 fallen auch Omiš und Poljica an die Lagunenstadt.

1493–1526 Die Türken erobern weite Teile Dalmatiens: 1493 siegen sie in der Schlacht auf dem Krbavsko Polje, 1502 erobern sie das Gebiet von Makarska, 1520 die Region um Split, Trogir, Šibenik und Zadar, 1526 schlagen sie das ungarisch-kroatische Heer bei Mohacs, wo König Ludwig II. fällt.

1527 Der letzte ungarisch-kroatische König Wladislaw II. fällt im Kampf gegen die Türken. Zum Schutz gegen die Osmanen wählt der Adel den Habsburger Ferdinand I. zum kroatischen König.

1593 Das vereinte kroatische und habsburgische Heer schlägt bei Sisak die Türken zum ersten Mal vernichtend. Der Sieg wird zur Initialzündung für die europäischen Mächte, die Türken gemeinsam zu vertreiben.

17./18. Jh. Habsburg, Venedig und Kroatien drängen die Türken immer weiter zurück.

1667 Ein starkes Erdbeben verwüstet Dubrovnik.

1699 Im Frieden von Karlowitz werden Venedig alle Gebiete zugesprochen, die es zuvor in den Kämpfen erobert hat.

1714–18 Im türkisch-venezianischen Krieg vertreibt Venedig die Türken aus ihren letzten Bastionen in Dalmatien und kann im Frieden von Passarowitz sein Gebiet bis an die Grenzen der Republik Dubrovnik ausdehnen.

1797 Der Frieden von Campo Formio besiegelt das Ende der Republik Venedig, Österreich wird Ordnungsmacht an der östlichen Adriaküste.

Im 7. Jh. wandelten Christen das Mausoleum Diokletians in Split in eine Kirche um

Laufsteg der Flaneure – der Stradun war schon Anfang des 20. Jh. Treffpunkt der Einwohner von Dubrovnik

1805 Nach Napoleons Sieg bei Austerlitz und dem Frieden von Pressburg kommt Dalmatien an Frankreich.
1808 Napoleon löst die Republik Dubrovnik auf.
1809 Dalmatien wird Teil der Illyrischen Provinz.
1812/13 Die Engländer erobern Vis, Lastovo, Korčula und Hvar.
1814/15 Nach der Niederlage Napoleons werden auf dem Wiener Kongress Istrien und Dalmatien wieder der k.u.k.-Monarchie zugeschlagen.
1816 Dalmatien wird zu einem Teilkönigreich erhoben, während Istrien weiterhin direkt von Wien aus regiert wird.
1830 Kroatien erhält eine einheitliche Schriftsprache. Beginn des ›Kroatischen Frühlings‹ und der ›Illyrischen Bewegung‹, die das kroatische Nationalbewusstsein stärken.
1861 Gründung der ›Nardona stranka‹ (Volkspartei) mit dem Ziel, Dalmatien und Kroatien zu vereinigen.
1868 Nach der Zweiteilung der Habsburgmonarchie erhält Kroatien durch einen Vertrag mit Ungarn weitgehende Autonomie und ein eigenes Parlament.
1884 Einführung des Kroatischen als Amtssprache in Dalmatien.
1914 Der serbische Nationalist Gavrilo Princip erschießt in Sarajevo den österreichisch-ungarischen Thronfolger Franz Ferdinand. Beginn des Ersten Weltkrieges. Kroatien kämpft auf der Seite Deutschlands und Österreichs.
1918 Nach dem Ende des Ersten Weltkrieges und Zusammenbruch der österreichisch-ungarischen Monarchie wird der Kriegsverlierer Kroatien mit dem Gewinner Serbien im neuen ›Königreich der Serben, Kroaten und Slowenen‹ vereint.
1929 Nach Aufhebung der Verfassung und Errichten einer Diktatur durch König Aleksandar Karadjordjeviçe wird der neue Staat in ›Königreich Jugoslawien‹ umbenannt. Unruhen und politische Morde erschüttern das Land.
1934 Kroatische Nationalisten der illegalen ›Ustaša Ante Paveliçes‹ ermorden den serbischen König Aleksandar.
1941 Deutsche und italienische Truppen besetzen Jugoslawien. Große Teile Dalmatiens fallen an Italen, während der Ustaša-Führer Ante Pavelić in Restkroatien ein faschistisches Vasallenregime (NDH) installiert, das systematisch Massenmord an Serben und Juden begeht. Serbisch-monarchistische Tschetniks rächen sich mit Massenmorden an Kroaten und es kommt zu einem äußerst blutigen Bürgerkrieg.
1943 Josip Broz Tito, der seit 1941 den kommunistischen Partisanenkampf gegen Deutschland und Italien organisierte, wird Präsident der vom ›Antifaschistischen Rat zur Befreiung Jugoslawiens‹ gebildeten Untergrundregierung.
1945 Nach dem Ende des Zweiten Weltkrieges erhält die kommunistische Volksfront bei Wahlen 90 % der Stimmen.
1946 Tito ruft die ›Föderative Volksrepublik Jugoslawien‹ (FNRJ) aus, die man später in ›Sozialistische Föderative Republik Jugoslawien‹ (SFRJ) umbenennt. Tito wird Ministerpräsident.

1953 Tito wird Staatspräsident auf Lebenszeit.
1960 Die systematische touristische Erschließung der Adriaküste startet.
1967 Beginn des ›Kroatischen Frühlings‹ mit Liberalisierung des politischen Lebens.
1971 Tito beendet gewaltsam die Reformbestrebungen der KP Kroatiens.
1980 Nach dem Tod Titos am 4. Mai werden Risse zwischen den Teilrepubliken spürbar.
1990 Bei den ersten freien Wahlen in Kroatien entscheiden sich die Bürger mit großer Mehrheit für einen selbstständigen Staat. Gewinner ist die antiserbische ›Kroatisch Demokratische Union‹ (HDZ) des Nationalisten Franjo Tudjman, der Vorsitzender des Staatspräsidiums wird.
1991 Tudjman proklamiert die ›Souveräne Republik Kroatien‹. Mit Unterstützung der jugoslawischen Armee rufen die Krajina-Serben eine unabhängige Republik aus und erobern Ostslawonien sowie das Hinterland Dalmatiens. Die Küstenstädte werden belagert und die Kroaten in den serbisch besetzten Gebieten systematisch vertrieben.
1992 Kroatien wird auf Initiative Deutschlands von der EU völkerrechtlich anerkannt und Mitglied der Vereinten Nationen. Der Vance-Friedensplan erzwingt einen Waffenstillstand unter UNO-Kontrolle. Tudjman wird bei direkten Präsidentschaftswahlen mit 52 % zum Präsidenten Kroatiens gewählt.
1993 Die kroatische Armee überschreitet die Waffenstillstandslinie und erobert bis auf Ostslawonien alle serbisch besetzten Gebiete zurück.
1995 Der Friedensvertrag von Dayton beendet den Krieg. Ostslawonien wird an Kroatien zurückgegeben. Bei Wahlen wird die Partei Tudjmans, HDZ, bestätigt. Sein autoritärer Führungsstil und starker Nationalismus bringen ihn aber zunehmend in die Kritik.
1999 Am 10. Dezember stirbt Präsident Franjo Tudjman im Alter von 77 Jahren.
2000 Bei den Parlamentswahlen erringt das oppositionelle Bündnis aus Sozialdemokraten (SDP) und Liberalen (HSLS) 40 % der Stimmen; Premierminister wird Ivica Račan. Stjepan ›Stipe‹ Mesić wird Präsident. Er bemüht sich mit seinem Bekenntnis zu Demokratie und Marktwirtschaft um die europäische Integration.
2003 Im Februar beantragt Kroatien die EU-Mitgliedschaft. Ivo Sanader von der stärksten Partei, der Kroatischen Demokratischen Union (HDZ) wird neuer Premierminister.
2004 Seit Juni ist Kroatien offizieller EU-Beitrittskandidat.
2005 Stipe Mesić wird für eine weitere Amtsperiode zum Präsidenten gewählt. Im Sommer wird die Autobahn A1 von Zagreb nach Split fertiggestellt. Die EU wirft den Kroaten mangelhafte Kooperation mit dem Haager Kriegsverbrechertribunal vor. Doch am 3. Oktober beginnen die EU-Beitrittsverhandlungen.
2007 Im November finden Parlamentswahlen statt.

Josip Broz Tito (1892–1980), langjähriger Staatspräsident Jugoslawiens

Die Präsidenten Slobodan Milosevic (Serbien), Alija Izetbegovic (Bosnien) und Franjo Tudjman (Kroatien) unterzeichnen am 21. November 1995 den Friedensvertrag in Dayton, USA

Unterwegs

Die kleine Schwester – wie das größere Dubrovnik fasziniert Korčula durch sein geschlossenes mittelalterliches Stadtensemble

Zadar und das nördliche Dalmatien – alte Hauptstädte und atemberaubende Naturschönheiten

Das ›Tor nach Dalmatien‹, **Zadar**, ist überreich mit prachtvollen Palästen, Kirchen und Klöstern aus seiner langen Geschichte gesegnet. Wie ein Postkartenidyll liegt die alte Hauptstadt auf einer von Mauern geschützten Halbinsel. Mit der Hochebene *Ravni Kotari* besitzt sie ein fruchtbares Hinterland – und mit den grünen Inseln Ugljan und Pašman zwei schwimmende Gärten, die seit alters ihre Märkte beliefern. Vor der Küste erheben sich Hunderte von kleineren und größeren, meist unbewohnten Eilanden aus der Adria. Obwohl der *Archipel von Zadar* der landschaftlich vielfältigste Dalmatiens ist, blieb er bislang vom Tourismus weitgehend unberührt. **Ugljan**, **Pašman**, **Dugi Otok** und all die anderen Inseln bieten zwar nur wenige Unterkünfte, versprechen aber geruhsame Urlaubstage in Abgeschiedenheit. Und das Inselreich des sich südlich anschließenden **Kornaten-Archipels** ist ein wahres Paradies für Segler. Nördlich von Zadar liegt die alte Königsstadt **Nin**, die Wiege der kroatischen Nation, mit einzigartigen Baudenkmälern. Nicht weit entfernt erstreckt sich der grandiose **Nationalpark Paklenica**, wo schroffe Schluchten das wilde *Velebit-Gebirge* durchschneiden. Im Landesinneren fasziniert der seit ›Winnetou‹ weltberühmte **Nationalpark Plitwitzer Seen** mit seiner Seenlandschaft und den Sinterterrassen, über die sich zahllose Wasserfälle in die Tiefe stürzen.

1 Zadar

> »Eine tagtägliche Demonstration der Freude am Dasein. Eine schier kultische Prozession der offenen Blicke, der Neugier und der Freundschaft, ein mitreißendes Manifest der Lebensform Stadt, die nicht trennt, sondern zusammenführt.«
>
> Stephan Vajda

Der Hafenort Zadar (83 000 Einw.) ist nach Split die zweitgrößte Stadt der dalmatinischen Küste und das wichtigste Handelszentrum Norddalmatiens. Auf einer etwa 1000 m langen und 500 m breiten Landzunge liegt das historische Zentrum, in dem von den Römern bis zu den Venezianern alle Herrscher ihre Spuren hinterlassen haben. Von den etwas gesichtslosen modernen Vierteln führen eine Straße und eine Fußgängerbrücke hinüber in die Altstadt. Hier schlägt das Herz von Zadar. Tag für Tag strömen viele Tausend Menschen aus dem Umland und den vorgelagerten Inseln hierher und verwandeln Gassen, Plätze und Märkte in ein brodelndes, buntes und vitales Durcheinander – ein faszinierendes Schauspiel mediterraner Lebensfreude.

Geschichte Das von Illyrern gegründete Zadar wurde im 4. Jh. v. Chr. als **Idassa** erstmals schriftlich erwähnt. 200 Jahre später eroberte Rom den Ort und baute ihn unter *Augustus* und *Trajan* zur mächtigen **Municipium Jadera** aus. Im Zuge der Völkerwanderung drangen Slawen und Awaren in die Region vor. Als sie Salona bei Split zerstörten, wurde Zadar 614 neue **Hauptstadt Dalmatiens** (bis 1918). Dem südslawischen Stamm der Kroaten gelang es in der Folgezeit nicht, den Hafenort zu erobern, doch besiedelten sie das fruchtbare Umland und gründeten das christliche **Königreich Kroatien**. 1105

1 Zadar

schließlich anerkannte Zadar die Herrschaft des ungarisch-kroatischen Königs *Koloman* und wurde als Bischofssitz mit Palästen, Kirchen und Klöstern ausgestattet. Die blühende Metropole erregte alsbald die Aufmerksamkeit **Venedigs**, das 1212 eine Flotte mit 480 Schiffen in die östliche Adria entsandte und die Stadt belagerte, eroberte und bis auf die Kirchen zerstörte. Nach einer langen Periode erfolgreicher Aufstände gegen die Serenissima verkaufte der letzte ungarisch-kroatische König *Ladislaus von Neapel* 1409 sein Reich für 10 000 Golddukaten an die Republik Venedig. In venezianischer Zeit wurde der Hafenort durch zwei Kastelle und eine Wehrmauer stark befestigt. Dank der mächtigen Bollwerke gelang im 16. und 17. Jh. die erfolgreiche Verteidigung gegen die Osmanen. 1797, nach 600 Jahren venezianischer Herrschaft, fiel Zadar an **Österreich**, es folgte eine Zeit der wirtschaftlichen und kulturellen Blüte. Nach dem **Ersten Weltkrieg** sprach der 1920 abgeschlossene *Vertrag von Rapallo* Zadar Italien zu, das während des Krieges die gesamte kroatische Küste besetzt hatte. Erst nach dem **Zweiten Weltkrieg** gelangte die italienische Enklave an Jugoslawien. Nach der Gründung der **Republik Kroatien** 1991 riefen die Serben im

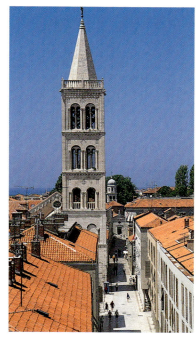

Aufstrebend – der Glockenturm von Sveta Stošija in Zadar ragt weit über die Altstadthäuser empor

Zadar

Hausboot – wie ein lang gestrecktes Schiff schwimmt die Altstadt von Zadar vor der dalmatinischen Küste

Hinterland von Zadar die Republik Krajina aus und schnitten die Stadt fast vier Jahre lang von der Außenwelt ab. Erst im Sommer 1995 konnte die kroatische Armee die Belagerer vertreiben. Die Schäden durch den serbischen Beschuss sind inzwischen behoben, die Altstadt wurde vorbildlich restauriert.

Rund um den Narodni trg

Bester Ausgangspunkt für die Erkundung der Altstadt ist der große Parkplatz an der Uferstraße *Obala kneza Branimira*. Von hier führt eine Fußgängerbrücke, die den schönsten Panoramablick auf das alte Zadar bietet, über die Hafenbucht hinüber auf die Halbinsel.

Die Brücke endet auf dem großen Platz *Nova Vrata*. Ein erst 1931 an dieser Stelle in die noch vollständig erhaltene venezianische Stadtmauer gebrochenes Tor führt direkt auf den zentralen **Narodni trg** (Volksplatz), dem lebhaften Zentrum der Altstadt. Bis in die Abendstunden hinein ist der von mehreren interessanten Palästen gesäumte Platz Treffpunkt der Einheimischen.

Das älteste Gebäude des Narodni trg ist die an der Südostecke gelegene, 1284 erbaute und 1565 nach Plänen von *Michele Sanmicheli* im Stil der Spätrenaissance umgestaltete **Stadtwache** ❶ (Zrgrada gradske). Ihre Fassade wird durch drei von Doppelsäulen flankierte Bögen bestimmt, die man verglaste, als die *Ethnographische Abteilung des Volksmuseums* (tgl. 9–12 und 17–20 Uhr) einzog. 2007 eröffnete es nach jahrelanger Restaurierung des Gebäudes wieder. Auf der gegenüberliegenden Platzseite erhebt sich seit 1562 die **Stadtloggia** ❷ (Gradska loža), in der einst Bürgerräte und Gerichte tagten. 1789 wurde ein Uhrturm mit Balkon angefügt. Den nordöstlichen Abschluss bildet – etwas zurückgesetzt – der **Palača Ghirardini** ❸ aus dem 15. Jh., dessen Fassade durch spätgotische Fenster und einen Balkon mit zwei Girlanden tragenden Knabenfiguren akzentuiert wird. Das jüngste Gebäude des Platzensembles, das erst 1934 errichtete große **Rathaus** ❹ (Dvor), stört mit seinen wuchtigen Proportionen ein wenig das harmonische Gefüge des Narodni trg. Hinter seinem Westflügel versteckt sich die kleine romanische Kirche **Sveti Lovro** ❺ (St. Laurentius). Entstanden im 10./11. Jh., ist sie eines der ältesten Gebäude Zadars. Die im Westen angebaute zweistöckige Vorhalle stammt aus späterer Zeit.

Vom Narodni trg gelangt man über die Straße *Don Ive Prodana* zu einem der be-

1 Zadar

deutendsten Sakralbauten Zadars, der Kirche **Sveti Šimun** ❻ (St. Simeon), die im 14. Jh. als dreischiffige Basilika erbaut wurde. Ihr heutiges Aussehen entstammt mehreren Um- und Anbauten, u. a. wurde dem mittelalterlichen Gotteshaus im 17. Jh. eine Barockfassade vorgeblendet.

Das kostbarste Stück der Kirche, der Sarkophag des hl. Simeon, ist über dem Hauptaltar im 1632 ebenfalls neu gestalteten Chorbereich zu bewundern. Der 1371–81 von dem Mailänder Silberschmied *Francesco da Sesta* aus 250 kg Silber und viel Gold gefertigte Sarkophag zählt zu

Filigran – der Sarkophag des hl. Simeon mit prächtigen Reliefs wird in Sveti Šimun aufbewahrt

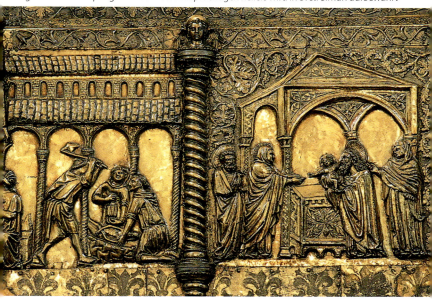

Zadar

den großartigsten Kunstwerken der dalmatinischen Spätromanik. Seine Reliefplatten erzählen historische Begebenheiten wie den festlichen Einzug des ungarisch-kroatischen *Königs Ludwig I. von Anjou*, dessen Gemahlin die Arbeit in Auftrag gegeben hatte, sowie Geschichten aus dem Leben des hl. Simeon.

Das antike Zentrum

Schnurgerade führt die breite Fußgängerzone **Široka ulica** ❼ vom Narodni trg zum antiken Zentrum der Stadt. Die von Geschäften und Cafés gesäumte Einkaufs- und Flaniermeile mündet in den weitläufigen *Zeleni trg*. Ein Großteil des Platzes wird vom **Römischen Forum** ❽ (Rimski Forum) eingenommen. Einst umfasste der auf drei Seiten von monumentalen Säulengängen begrenzte antike Marktplatz mit Ausmaßen von 94 x 45,5 m das gesamte Geviert. An der Südwestseite erhob sich das *Kapitol*. Gemeinsam mit einem Tempel bildete es in römischer Zeit das politische und kultische Zentrum Dalmatiens. An der Süd- und Nordostseite des Forums reihten sich *Tabernae*, kleine Läden, aneinander. Heute ist das Gelände des Forums partiell überbaut, von der monumentalen Anlage konnten nur Teile freigelegt werden. Neben Fundamenten, zahlreichen Säulenresten und Kapitellen hat sich an der Westseite eine 14 m hohe korinthische Säule erhalten, die im Mittelalter als Schandpfahl diente.

Ein Teil der auf dem Forum ergrabenen Funde liegt verstreut auf dem freien Platz, der weitaus größere Teil jedoch ist in unmittelbarer Nachbarschaft, im **Archäologischen Museum** ❾ (Arheološki muzej, Mo–Sa 9–13 und 17–19 Uhr), zu bewundern. Das bedeutendste Museum seiner Art in Dalmatien ist in einem modernen Bau untergebracht. Die verschiedenen Abteilungen dokumentieren die Geschichte der Region Zadar von der Altsteinzeit bis zum Mittelalter. Aus römischer Zeit beeindrucken zwei lebensgroße *Statuen der Kaiser Tiberius und Augustus*. Einzigartig ist die Sammlung altkroatischer *Flachrelieftafeln* aus dem 8.–11. Jh., die aus verschiedenen Kirchen stammen und einst Ziborien und andere Architekturteile schmückten.

> TOP TIPP

Schräg gegenüber, das Gelände des Römischen Forums beherrschend, ragt die Rotunde von **Sveti Donat** ❿ (St. Do-

Spaziergang durch die Geschichte von Zadar vom Römischen Forum zu den mittelalterlichen Kirchen Sveta Marije (rechts) *und Sveta Stošija* (links)

1 Zadar

Scheinarchitektur – als würde er zu der alten Kirche Sveti Donat gehören, ragt der schlanke Campanile der Kathedrale hinter dem Rundbau empor

natus) 27 m empor. Die 810–815 im Auftrag von Bischof *Donatus* unter Verwendung zahlreicher römischer Spolien errichtete Rundkirche, die sich an der byzantinischen Baukunst orientierte und Ähnlichkeiten zu *San Vitale* (6. Jh.) in Ravenna aufweist, zählt zu den ältesten christlichen Gotteshäusern Kroatiens und zu den hervorragendsten Zentralbauten Europas. Das schlichte und strenge Äußere ist durch Pilaster, Blendbögen und drei Apsiden im Osten akzentuiert. Das **Innere** besteht aus einem runden zweigeschossigen Mittelraum und einem durch eine Säulenreihe abgetrennten Umgang, über dem eine Galerie liegt. Wegen seiner exzellenten Akustik dient der grandiose Bau heute als *Konzertsaal*.

Die im 12./13. Jh. an der Nordseite von Sveti Donat angebaute **Katedrala Sveta Stošija** ⓫ (St. Anastasia), eine dreischiffige Basilika, ist der bedeutendste romanische Bau von Zadar. In seiner prachtvollen *Hauptfassade* spiegelt sich der Einfluss toskanischer Architektur wider. Der untere Bereich wird durch drei Portale mit reichem Reliefschmuck geprägt. Der obere Bereich ist – ähnlich wie am Dom von Pisa – in mehrere horizontale Reihen von Blendarkaden gegliedert, in deren Mitte zwei herrliche Fensterrosen die Mauer des Mittelschiffs durchbrechen. Der mächtige *Glockenturm* wurde in der 2. Hälfte des 15. Jh. angefügt. Die oberen Geschosse im Stil der Neorenaissance stammen von 1891. Das **Innere** der Kathedrale birgt zahlreiche Kunstschätze, darunter ein frühgotisches Ziborium von 1332 und das venezianische Chorgestühl von 1418. Die dreischiffige *Krypta* unter dem erhöhten Chor stammt aus vorromanischer Zeit und bewahrt im nördlichen Seitenschiff einen Marmorsarkophag (9. Jh.) mit den Reliquien der hl. Anastasia auf.

An der Südseite des Zelleni trg erhebt sich die Kirche **Sveta Marije** ⓬ (St. Marien), die zum 1066 gestifteten Benediktinerinnenkloster gehört. Die dreischiffige Basilika erlebte im Laufe der Jahrhunderte mehrere, teils aufwendige Umgestaltungen. Die Renaissancefassade entstammt einem Umbau von 1507, die üppige spätbarocke Stuckdekoration im Inneren einer Restaurierung von 1744. Die angrenzenden Klostergebäude werden für die ständige Ausstellung **Gold und Silber aus Zadar** (Zlato i srebro Zadra, Mo–Sa 10–12.30 und 17–18.30 Uhr, So 10–12.30 Uhr) genutzt. Neben Werken venezianischer Meister sowie Skulpturen der Gotik und Renaissance wird eine äußerst wertvolle Sammlung kroatischer Goldschmiedearbeiten gezeigt. Unter den filigranen Kunstwerken befinden sich viele Reliquiare. Kostbarstes Stück ist ein Kreuzreliquiar aus dem 13. Jh.

Entlang der Stadtmauer

Die Umrundung des historischen Zentrums entlang der **Stadtmauer** gehört zu den schönsten Spaziergängen von Zadar und ist besonders in den Vormittagsstunden lohnend. Wer vom Tordurchgang an der Fußgängerbrücke innerhalb der Mauer nach Westen schlendert, stößt dann nämlich schon bald auf die farbenfrohen **Märkte** von Zadar, den Fischmarkt und den Bauernmarkt. Wenige Schritte weiter erreicht man das 1573 erbaute Seetor, die **Porta Marina** 13 (Lučka vrata), die zum Hafen führt. Hier legen die Fähren zu den norddalmatinischen Inseln an und ab. Die Außenseite des Tores ziert der geflügelte venezianische Löwe, die Innenseite, in die Teile eines römischen Triumphbogens integriert wurden, das Zadarer Stadtwappen.

Von der Porta Marina führt eine Gasse zu der im 12. Jh. errichteten und dem Zadarer Stadtheiligen Grisogonus geweihten romanischen Kirche **Sveti Krševana** 14, die einst zu einem Benediktinerkloster gehörte. Die *Hauptfassade* ist bis auf den Giebel schmucklos, in ihrer Schlichtheit aber bestechend wirkungsvoll. Reicher geschmückt ist die *Apsis* auf der Rückseite mit Blendbögen im unteren Bereich und einer Säulengalerie als oberem Abschluss. Der ebenfalls schlichte, durch antike korinthische Säulen in drei Schiffe geteilte **Innenraum** birgt die 1717 von einem venezianischen Bildhauer gefertigten marmornen Heiligenstatuen von Grisogonus, Zoilo, Anastasia und Simeon. In dem einzig erhaltenen Gebäude des einstigen Benediktinerklosters hat heute das **Volksmuseum** 15 (Narodni muzej, Mo/Di, Do/Fr 9–13, Mi 17–19 Uhr) seinen Hauptsitz [s. S. 20], das wechselnde Ausstellungen zur Geschichte von Zadar präsentiert.

Auf dem Weg zur Südwestspitze der Halbinsel erreicht man das **Franziskanerkloster** 16 (Franjevački samostan). In der Sakristei der 1280 geweihten Klosterkirche **Sveti Frane**, dem ältesten gotischen Sakralbau Dalmatiens, wurde am 18. 11. 1358 zwischen der Republik Venedig und dem ungarisch-kroatischen König *Ludwig I. von Anjou* der Friede von Zadar geschlossen, in dem Venedig auf seine Besitzungen an der Ostküste der Adria verzichtete. Durch die Sakristei gelangt man zur **Schatzkammer** (tgl. 9–12 und 17–19 Uhr), deren kostbarstes Stück, ein Polyptychon des Spliter Meisters *Dujam Vušković*, als das herausragende Werk der dalmatinischen Spätgotik gilt. An der Südwestspitze ertönt die **Meeresorgel** 17 (Morske orgulje). Die breiten Treppenstufen entlang des Ufers sind mit 35 Rohren und Orgelpfeifen durchbohrt, die je nach Wasserstand und Wellenbewegung erklingen – besonders laut, wenn ein Schiff vorbeifährt. Der Architekt Nikola Bašić realisierte seine Idee einer wassermusik im Jahr 2005 mithilfe von Hydraulikern und dem Musiker Ivica Stamać.

Am südlichen Ende der Uferpromenade findet man Reste einer mittelalterlichen *Zitadelle*, die einst den Hafen von Zadar bewachte. Heute schaukeln bunte Fischerboote in dem winzigen Becken am Ende des *Foša*, des Wassergrabens, der früher bis zur Meeresbucht auf der anderen Seite der Altstadt reichte und die Landzunge zur Insel machte. Den schönsten Blick auf das Idyll genießt man von der Terrasse des Fischrestaurants ›Foša‹, auch auf das Landtor, die **Porta Terraferma** 18 (Kopnena gradska vrata). Das 1543 von dem venezianischen Baumeister *Michele Sanmicheli* errichtete Tor, mit dem hohen Mittelbogen und zwei niedrigeren Seitenbögen deutlich von antiken Triumphbögen inspiriert, ist das bedeutendste Baudenkmal Zadars aus der Renaissance. Der geflügelte venezianische Löwe und der Stadtheilige Grisogonus schmücken die in ihrer ursprünglichen Gestalt erhaltene Pforte.

Hinter dem Landtor öffnet sich rechter Hand der **Trg pet bunara** 19, der ›Platz der fünf Brunnen‹. Zu Füßen des hohen Kapitänsturms, der früher Teil der Stadtbefestigung war, liegen in einer Reihe fünf Brunnenschächte, die für Zadar seit jeher von existentieller Bedeutung waren. Die Schächte öffnen sich zu einer großen Zisterne, die der Stadt das lebenswichtige Trinkwasser spendete.

1 Zadar

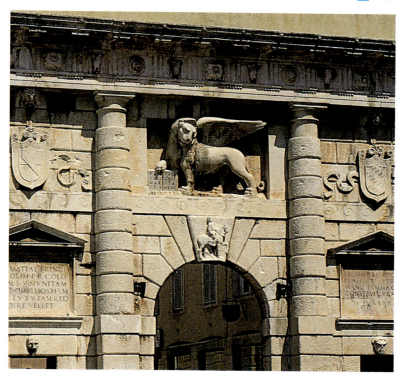

Der geflügelte venezianische Löwe an der Porta Terraferma bewacht den Zugang von Zadar

Praktische Hinweise

Information
TIC (Stadtinformation), Mihe Klaića 2, Zadar, Tel. 023/31 61 66, Fax 023/21 17 81, www.tzzadar.hr
TZÎ (Region Zadar), Sv. Leopolda B. Mandića 1, Zadar, Tel. 023/31 53 16, Fax 023/31 51 07, www.zadar.hr

Hotels
******Falkensteiner Hotels & Resort Borik**, Majstora Radovana 7, Zadar, Tel. 023/20 64 07, Fax 023/20 32 65, www.hoteliborik.hr. Weitläufige, von einem großzügigen Park umgebene Anlage aus vier Hotels am Strand mit Thalasso- und SPA-Zentrum sowie Erlebnisbad.

*****Kolovare**, Bože Peričića 14, Zadar, Tel. 023/20 32 00, Fax 023/20 33 00, www.hotel-kolovare-zadar.htnet,hr. Moderner Hotelkomplex 1 km vom historischen Zentrum in schöner Lage unmittelbar am Strand.

TOP TIPP *****Albin**, Put Dikla 47, Zadar, Tel. 023/33 11 37, Fax 023/33 22 72, www.albin.hr. Kleiner, sehr angenehmer Familienbetrieb (60 Betten) im grünen Stadtteil Borik mit Garten und Swimmingpool. Das besonders empfehlenswerte Hotelrestaurant tischt Spezialitäten der Region auf.

Restaurants
TOP TIPP **Foša**, Zadar (am Fischerhafen), Tel. 023/31 44 21. Über dem kleinen Hafen gelegenes Fischrestaurant, das wegen seiner vielfältigen Meeresspezialitäten wie ›Schwarzrisotto‹ (Reis mit Tintenfisch) bei den Einheimischen beliebt ist. Von seiner Terrasse öffnet sich ein zauberhafter Blick auf die Altstadt und das Meer bis zur Insel Ugljan.

Martinac, A. Paravije 7, Zadar, Tel. 023/25 15 89. Einfaches Gasthaus in einer Altstadtgasse, das preiswerte und stets frisch und delikat zubereitete Gerichte serviert.

Niko, Obala kneza Domagoja 9, Zadar, Tel. 023/33 11 38. Das Restaurant gilt unter Einheimischen als erste Adresse für Fisch und Meeresfrüchte.

Ugljan *Plan Seite 28*

Ein schwimmender Garten mit Festungsberg.

Vor Zadars Küste breitet sich ein beinahe unüberschaubares Gewirr kleinerer und größerer Eilande und Felsriffe aus. Die dem norddalmatinischen Touristenzentrum am nächsten gelegene Insel Ugljan (52 km², 7500 Einw.) ist nicht die größte, aber die am dichtesten besiedelte des Archipels. Auf den Feldern des sanft hügeligen Eilandes gedeihen Obst und Gemüse, an den sonnigen Hängen reifen Weintrauben, Feigen und Oliven. Das subtropische Grün verlockte schon die Römer dazu, hier ihre Sommerresidenzen zu errichten. Heute sind es die Einwohner von Zadar, die ihre Wochenenden mit Vorliebe auf Ugljan verbringen. Da zahlreiche Inselbewohner auf dem Festland arbeiten, bestehen gute Fährverbindungen nach Zadar.

Preko

Die Fähren aus Zadar und von den umliegenden Eilanden legen im Fischerort Preko (1800 Einw.) an, dem Zentrum der lang gestreckten Insel. Am kleinen Hafenbecken öffnet sich ein von Palmen beschatteter Platz mit Cafés. Am Hang liegt das einzige Hotel von Preko, dessen Terrasse einen zauberhaften Blick auf das am Festland direkt gegenüberliegende Zadar bietet. Ein herrliches Panorama gewährt auch die Burgruine **Sveti Mihovil** (St. Michael). Vom Hafen erreicht man die auf der Spitze des mit 265 m zweithöchsten Inselberges *Veliki Brodo* thronende mittelalterliche Festung (13. Jh.) über eine schmale Teerstraße. Viel schöner ist es aber, zu Fuß (ca. 1 Std.) durch Olivenhaine und Macchia hinaufzuspazieren und dabei die herrliche Aussicht zu genießen. Der Blick reicht vom Gipfel über weite Teile des Archipels.

In den Sommermonaten verkehren *Taxiboote* zwischen dem Fischerhafen und der nur einen Steinwurf vor Preko im Meer liegenden **Klosterinsel Galevac**. Hier errichteten Franziskaner 1443 ein Kloster, das auf Anfrage besichtigt werden kann (Tel. 023/28 64 55).

Ugljan

Über die Hauptstraße, die die Insel Ugljan auf ganzer Länge durchzieht, erreicht

Aus der Vogelperspektive – der hübsche Fischerort Preko und das Klostereiland Galevac

man nach wenigen Kilometern das Städtchen Ugljan (1100 Einw.). Die Bewohner leben seit jeher von der Landwirtschaft und vom Fischfang. Am nördlichen Ende der Uferstraße öffnet sich eine kleine, romantische Bucht mit flachem Sandstrand und einem Café. Jenseits der Bucht liegt im Schatten alter Kiefern ein 1439 errichtetes **Franziskanerinnenkloster**, das Frauen auf Anfrage Unterkunft gewährt (Tel. 023/28 80 91). Im Kreuzgang (16. Jh.) ist die Grabplatte des Bischofs Šimun Kožičić zu besichtigen, der Anfang des 16. Jh. in Rijeka die erste Druckerei gründete, die Bücher in Glagoliza herstellte.

Kukljica

Ganz im Osten der Insel liegt das Fischerdorf Kukljica. Da sich in seiner Umgebung die schönsten Badereviere von Ugljan befinden, ist der Tourismus hier am weitesten entwickelt. Besonders schön ist die von Aleppokiefern umschlossene Bucht von **Kostanj** mit der Hotelanlage Zelena Punta.

Praktische Hinweise

Information

TZ, Preko, Tel./Fax 023/28 61 08, www.ugljan-pasman.com/preko
TZ, Ugljan, Tel./Fax 023/28 80 11, www.ugljan.hr
TZ, Kukljica, Tel. 023/37 32 76, Fax 023/37 38 42, www.kukljica.hr

Hotels

**Preko, Mul 14, Preko, Tel. 023/28 60 41, Fax 023/28 60 40, www.coning.hr. Nettes Haus am Fischerhafen, dessen große Panoramaterrasse einen schönen Blick auf Zadar bietet. Fahrradverleih.

**Zelena Punta, Kukljica, Tel. 023/37 35 47, Fax 023/37 35 45, www.zelenapunta.com. Der große, moderne Apartmentkomplex im Kiefernwald bietet einen eigenen Strand, Tennisplätze und Tauchschule sowie Bootsausflüge in den Kornaten-Nationalpark.

Restaurants

Barbara, Preko, Tel. 023/28 61 29. Sympathische Konoba an der Uferpromenade mit preiswerter Küche.

Stari Dvor, Ugljan, Tel. 023/28 86 88. Das in einem alten Bauernhof nahe der Kirche eingerichtete Gasthaus serviert gute dalmatinische Gerichte.

Fluchtburg – im 12. Jh. ließen sich flüchtende Benediktinermönche auf Pašman nieder und gründeten Sveti Kuzma i Damjan

3 Pašman *Plan Seite 28*

Vom Tourismus noch unentdeckte Garteninsel mit zauberhaften Klöstern.

Bis zum Ende des 19. Jh. waren Ugljan und Pašman durch eine Landenge miteinander verbunden. Um den Schiffsverkehr im Archipel von Zadar zu erleichtern, hob man 1883 einen 4 m tiefen Graben aus. Seit 1973 führt eine 200 m lange Brücke von einem Eiland zum anderen. Pašman (63 km², 3600 Einw.) ist größer, aber weniger fruchtbar als die Nachbarinsel Ugljan. Die Ortschaften liegen allesamt an der flachen Festlandseite, dahinter steigt das Land bis auf 274 m an, um an der unbewohnten Südwestküste steil abzufallen. Vom Tourismus ist Pašman bislang fast unentdeckt. Die Bewohner leben von der Landwirtschaft und der Fischerei, oder sie arbeiten in Zadar und Biograd, mit denen die Insel durch eine Autofähre verbunden ist.

Pašman und Kraj

›Inselhauptstadt‹ ist der kleine Küstenort **Pašman** (450 Einw.), der keine Sehenswürdigkeiten zu bieten hat, dafür aber eine sympathische Pension und ein Restaurant mit Meeresblick.

Nur 2 km südlich liegt **Kraj**, das von Pašman aus über die einzige Inselstraße, aber auch auf einem schönen Küstenpfad zu erreichen ist. Außerhalb von Kraj lädt das im 14. Jh. errichtete Franziskaner-

3 Pašman

Segen bringend – Gottesmutter mit Jesuskind im Tympanon über dem Hauptportal der außerhalb von Tkon gelegenen Kirche Sveti Kuzma i Damjan

kloster **Sveti Dujma u Kraju** (St. Damian und Kosmas) zu einem Besuch ein. Seit der jüngsten Restaurierung, bei der einfache, aber schöne Gästezimmer in den alten Gemäuern eingerichtet wurden, ist das Kloster ein zauberhafter Platz zum Übernachten. Das Refektorium wurde in ein stilvolles **Restaurant** umgewandelt, und der Renaissancekreuzgang lädt zum kontemplativen Verweilen ein. Das kleine **Museum** (Mo–Sa 16–18 Uhr) präsentiert ein Sammelsurium antiker Funde, historischer Waffen, Münzen, religiöser Bilder und erinnert an einen Trödelladen.

Tkon

Als Fährort ist Tkon etwas belebter als Pašman. Um den weiten Dorfplatz am Kai sitzt man vor der Bar, um das muntere Treiben am Hafen zu beobachten. Abgesehen davon hat die Ortschaft keine Attraktionen zu bieten.

Außerhalb von Tkon allerdings verbirgt sich mit dem im 12. Jh. erbauten Benediktinerkloster **Sveti Kuzma i Damjan** (St. Kosmas und Damian, Mo–Sa 16–18 Uhr oder nach Anmeldung Tel. 023/28 52 63) ein Kleinod, das man nicht verpassen sollte. Die winzige Abtei wurde von Benediktinern aus Biograd gegründet, nachdem Venedig 1125 die Küstenstadt zerstört hatte. Doch auch die festungsartige Inselzuflucht blieb von Angriffen nicht verschont, wurde wiederholt schwer beschädigt, aber immer wieder aufgebaut, zuletzt 1369. Im kroatisch-serbischen Krieg Anfang der 1990er-Jahre nahmen die Serben das Klösterchen unter Beschuss, verfehlten ihr Ziel jedoch. Dass das militärisch absolut unbedeutende Kloster ins Visier genommen wurde, liegt an seiner wichtigen Rolle, die es für die katholischen Kroaten spielt. Denn im Mittelalter war die Abtei ein Zentrum der kroatischen Kultur, in geheimen Seminaren wurde die glagolitische Schrift gelehrt. Von dieser Zeit zeugen in Glagoliza verfasste Bücher und Steintafeln im *Klostermuseum*. Heute ist die Anlage nur noch von drei Mönchen bewohnt, die die Besucher gerne durch ihr Zuhause führen.

Praktische Hinweise

Information

TZO, Pašman, Tel./Fax 023/26 01 55, www.ugljan-pasman.com

Unterkünfte

Marija, Pašman, Tel. 023/26 01 11. Einladende Pension des gastfreundlichen Ehepaars Krunoslav und Marija, die hervorragendes Essen bereiten und auch zum Grillabend, zum Angeln oder zu Ausflügen im eigenen Boot einladen.

Sveti Dujma u Kraju, Kraj, Tel. 023/857 79. Das Franziskanerkloster bietet einfach ausgestattete, aber sehr stilvolle Zimmer in einmalig ruhiger Lage (nur Gruppen).

3 Pašman

Restaurants

Lanterna, Pašman, Tel. 023/26 01 79. Einfaches Restaurant mit guter Küche von Pizza über Fleisch bis Fisch.

 Treva, Ugrinić, Tel. 023/28 51 81. Rustikale Bauernstube, in der nur Selbstgemachtes auf den Tisch kommt: tagsüber Schinken, Käse, Oliven und Brot, abends auf dem offenen Feuer zubereiteter Fisch und Meeresfrüchte.

4 Iž   *Plan Seite 28*

Wo der Inselkönig gekrönt wird.

Nur gute 16 km² groß ist die von Macchia überzogene Insel Iž, die sich zwischen Ugljan und Dugi Otok aus der Adria erhebt. In den zwei stillen, an der Nordostküste gelegenen Dörfchen **Veli Iž** und **Mali Iž** (Alt- und Neu-Iž) gehen die etwa 600 Insulaner ihrem einfachen Leben als Bauern, Hirten und Fischer nach. Hier haben sich alte Traditionen und Bräuche erhalten. Weit bekannt sind die **Töpferwaren**, einfache, fast schmucklose Gebrauchsgegenstände. Sie bestehen aus 80 % Ton und 20 % Kalzit, der als Bindemittel verwendet wird und für den weißlichen Glanz der Gefäße verantwortlich ist. Heute gehen nur noch zwei Meister diesem an der dalmatinischen Küste einzig auf Iž beheimateten Handwerk nach.

Ein buntes Volksfest erlebt der Ort alljährlich im August beim **Iška Kralj**, der Wahl des Inselkönigs. Ursprünglich fand das seit antiker Zeit überlieferte Fest am 26. Dezember statt, und der Gekrönte musste während der 12-tägigen Feierlichkeiten, die bis zum Dreikönigstag andauerten, die ganze Inselbevölkerung freihalten. Diese Tradition endete 1879, weil niemand mehr die finanziellen Mittel aufbringen konnte. Damit die Urlauber das farbenfrohe Spektakel miterleben können, wurde der Termin in die Ferienzeit verlegt. Rund um den Fischerhafen werden alte Handwerke, Trachten und Tänze vorgeführt und Spezialitäten angeboten. Sehenswert ist auch das **Ethnographische Museum** (Mo/Mi/Fr Sommer 10–12 und 18–20, Winter 10–12 und 19–21 Uhr) in Veli Iž.

Praktische Hinweise

Information
TZO, Veli Iž (am Hafen), Tel. 023/27 70 21

Hotel
**Korinjak, Veli Iž, Tel. 023/27 70 64, Fax 023/27 72 48, www.korinjak.hr. Hotel am Dorfrand mit gutem Restaurant, das einen schönen Blick auf die Hafenbucht bietet.

Veli Iž, beliebter Stützpunkt für Ausflüge zu den norddalmatinischen Inseln

5 Dugi Otok *Plan Seite 28*

Stilles Natur- und Taucherparadies mit hohen Klippen.

Am westlichen Rand der norddalmatinischen Inselwelt erstreckt sich Dugi Otok, mit 124 km² das größte Eiland des Archipels von Zadar. Obwohl die ›Lange Insel‹ (52 km lang, aber nur bis zu 4 km breit), wie ihr Name übersetzt lautet, kaum eine Schiffsstunde vom grünen Ugljan entfernt liegt, ist sie landschaftlich völlig andersartig. Struppiges Buschwerk, karge Weiden und nackter Fels überziehen weite Teile des Eilands. Landwirtschaft ist nur an wenigen Stellen möglich, sodass die Insel lange Zeit kaum besiedelt war. Erst im 15. Jh. suchten Festländer, die vor den Türken flohen, auf Dugi Otok Schutz. Ihre einzige Einkommensquelle war das Meer. Und bis heute leben die 2000 Insulaner größtenteils vom Fischfang, obwohl inzwischen Segler und Taucher das buchtenreiche Naturjuwel entdeckt haben.

Sali

Das Fischerdorf Sali (900 Einw.), hier legen die Fähren aus Zadar an, ist Hauptort und Verwaltungszentrum der Insel. Seit mehr als 1000 Jahren, so belegt eine Urkunde aus dem Jahr 990, sind die Menschen von Sali Fischer. Noch immer dümpelt die große Flotte im Hafen des beschaulichen Dörfchens an der Südostküste, doch etliche Boote fahren nicht mehr zum Fischfang aus, sondern bieten Ausflugsfahrten in die Umgebung an. Der Ort selbst, der sich mehr und mehr zu einer Versorgungsstation für Segler entwickelt, besitzt einen interessanten **Friedhof**, auf dem die Toten nicht in der Erde, sondern in Felsenhöhlen beigesetzt werden. Die in den Fels gesprengten Gruften sind mit großen Steinplatten verschlossen.

Der Inselsüden

Auf einer anstrengenden, aber äußerst erlebnisreichen Tour kann man den Südzipfel von Dugi Otok erwandern. Die Telašćica-Bucht, der Salzsee Mir und die Klippen an der Außenküste sind wegen ihrer Einzigartigkeit als Naturpark unter Schutz gestellt worden.

Auf mehr als 10 km spaltet die **Telašćica-Bucht** den Kalkfels der Insel und bildet damit die größte Bucht und zugleich den besten Naturhafen der Region. Wo schon Römerflotten Schutz fanden, ankert heute eine Armada von Freizeitkapitänen, um im kristallklaren Wasser Badefreuden zu frönen. Am eindrucksvollsten erlebt man die Bucht vom Wasser aus. Hier glaubt man, eine Kette miteinander verbundener Seen zu durchfahren. Doch auch der Blick von der Landseite auf das tiefblaue Wasser zwischen weißem Kalkfels und grünen Aleppokiefern ist bezaubernd. Zur Telašćica-Bucht führt eine holprige Straße. Nur zu Fuß zu erreichen sind dagegen die Klippen und der **Salzsee Mir**, der auf der schmalen Landzunge zwischen Bucht und Meer tiefblau aus dem Kalkfels blinkt. Der 1000 m lange und bis 300 m breite See wird durch unterirdische Verbindungen vom Meer gespeist. Das imposanteste Erlebnis sind jedoch die schwindelerregenden **Klippen**, die an der Außenküste bis zu 160 m senkrecht ins Meer abstürzen.

Ein Fels in der Brandung – die imposante zerklüftete Südküste von Dugi Otok fällt steil ins Meer ab

Der Inselnorden

Die Inselstraße, die Dugi Otok auf ganzer Länge durchzieht, ist eine der landschaftlich schönsten Routen der dalmatinischen Eilande. In zahllosen Kurven schwingt sie sich – meist hoch über dem Meer – durch

5 Dugi Otok

Kräuterwiesen, Olivenhaine und Weingärten und bietet nach jeder Kehre einen neuen Ausblick auf die zerfranste Küstenlinie. Auf halber Strecke erblickt man den Weiler **Savar**, dessen Häuschen sich malerisch um eine Bucht scharen. Hier lohnt ein Halt, denn auf dem Friedhof der Ortschaft, der sich auf einer von Kiefern bewachsenen Halbinsel befindet, kann die Kirche **Sveti Pelegrin** (St. Pelegrin), die zu den bedeutendsten altkroatischen Sakralbauten zählt, besichtigt werden. Der älteste Teil des Gotteshauses, der von einer Kuppel überspannte Altarraum aus dem 9. Jh., besitzt Puppenstubenformat.

Wenige Kilometer weiter liegt das Dorf **Božava** (160 Einw.), das dank schöner Strände das touristische Zentrum der Insel ist. Steile Treppen führen zwischen geduckten Häuschen hinunter zur Bucht und dem romantischen *Hafen* mit Bars und Restaurants. Besonders beliebt ist Božava bei *Tauchern*, denn mit den imposanten Riffen und der außergewöhnlich vielfältigen Meeresflora und -fauna gilt die Region als das eindrucksvollste Unterwasserrevier in Dalmatien. Der schönste Badestrand liegt rund 3 km von Božava entfernt an der Außenküste. Rings um die weite Bucht **Sakarun** zieht sich ein herrlicher Küstensaum aus feinkörnigem schneeweißem Sand, der dem Wasser eine türkisgrüne Farbe verleiht. Achtung: Durch Änderungen von Windrichtung und Strömung kann der Sand zeitweise durch Kies sowie Pflanzenreste ersetzt werden. Die Inselstraße endet am nördlichen Kap **Veli Rat** mit dem 45 m hohen Leuchtturm, einem der höchsten und ältesten Kroatiens. In der Nähe befinden sich schöne Kiesstrände, Picknickplätze und Spazierwege.

ℹ Praktische Hinweise

Information
TZO, Obala Petra Lorinija b.b., Sali, Tel./Fax 023/37 70 94

Hotels
******Božava**, Božava, Tel. 023/29 12 91, Fax 023/37 76 82, www.hoteli-bozava.hr. Außerhalb des Dorfes im Kiefernwäldchen gelegener Komplex aus drei 2006

An die Telašćica-Bucht im Süden von Dugi Otok schließt sich der Archipel der Kornaten an

6 Sestrunj, Molat, Ist

Robinson lässt grüßen – stille Badereviere auf den Inseln nahe der Küste von Dugi Otok

renovierten bzw. neu errichteten unterschiedlich ausgestatteten Hotels mit einer deutschen Tauchschule.

***Sali**, Sali, Tel. 023/37 70 49, Fax 023/37 70 78, www.hotel-sali.hr. Ruhige Lage im Kiefernwald außerhalb der Ortschaft. Alle Zimmer haben Balkon mit Meeresblick.

Restaurants

TOP TIPP **Restaurant DM**, Put Mulica (Uferstraße), Verunić, Tel. 023/37 80 42. Exzellentes und äußerst sympathisches kleines Restaurant mit idyllischer Atmosphäre, schönem Meerblick und hervorragenden Fischgerichten.

Sali, Sali, Tel. 023/37 70 48. Gemütliches Lokal mit einladendem Innenhof am Hafenkai und einer großen Auswahl an guten Fischgerichten.

6 Sestrunj, Molat, Ist

Plan Seite 28

Archipel fern der touristischen Reiserouten.

Nördlich von Ugljan und Dugi Otok schließt sich eine Kette kleinerer Inseln an, die vom Tourismus noch weitgehend unberührt ist. Die Eilande sind das ideale Ziel für Urlauber, die beschauliche Tage in stiller Natur verbringen möchten. Schon die Anreise mit der *Fähre*, die gemächlich von Insel zu Insel tuckert, stimmt auf den idyllischen Archipel ein.

Zadar am nächsten gelegen und von dort in einer knappen Stunde zu erreichen ist **Sestrunj** (15 km^2, 150 Einw.), das zu den größeren Eilanden der Inselgruppe zählt. Seine Bewohner leben vor allem im gleichnamigen Dorf im Hinterland, zu dem vom Fähranleger eine holprige Straße führt. Wer hier Quartier beziehen will, sollte sich vorab nach einem der wenigen Privatzimmer erkundigen.

Das benachbarte **Molat** (23 km^2, 200 Einw.) ist etwas größer und mit den drei Siedlungen Molat, Brgulje und Zapuntel geradezu dicht bebaut. In dem an der *Lučina-Bucht* gelegenen Hauptort Molat stehen mehrere Privatunterkünfte zur Verfügung. Die schönste Badegelegenheit bietet der Sandstrand an der von Kiefern gesäumten *Jazine-Bucht* an der Nordküste.

Auf **Ist** (10 km^2, 150 Einw.) hat sich ein vergleichsweise lebendiger Besucherverkehr entwickelt, da hier die *Autofähre* Mali Lošinj–Zadar anlegt. Das auf der Landenge zwischen den Inselflügeln gelegene Fischerdorf Ist besticht durch seine lauschigen Restaurants an der Hafenpromenade. Spazierwege durchziehen

33

Sestrunj, Molat, Ist

Hier geht's rund: im Labyrinth der Kornaten kann man leicht den Überblick verlieren

die gesamte Insel. Besonders hübsch ist der Weg zur Kapelle auf der mit 175 m höchsten Inselerhebung *Straža*, von der man die umliegenden Eilande und Riffe überblickt.

Praktische Hinweise

Information
Ist, Tel. 023/37 24 19, Fax 023/37 24 64
Molat, Tel. 023/37 17 99. Hier werden auch Privatzimmer vermittelt.

Hotel
**Amfora II, Olib, Tel. 37 60 10. Kleine Hotelpension in einem einfachen, aber hübschen Neubau beim Hafen.

Restaurants
Amfora, Olib, Tel. 023/37 60 10. Einladender Gasthof, zu dem auch die Pension Amfora II gehört.

Katy, Ist, Tel. 023/37 24 17. Das beste Restaurant der Insel mit großer Terrasse über der Hafenbucht. Besonders empfehlenswert sind die Fischgerichte.

Nautic, Silba, Tel. 023/37 00 73. Der Seglertreff mit einer mit Netzen

und Fischergerät dekorierten, überdachten Terrasse bietet ausgezeichnete Fischgerichte.

7 Kornaten-Archipel
Kornati *Plan Seite 28*

»Am letzten Tag der Schöpfung wollte Gott sein Werk krönen, und so schuf er die Kornaten aus Tränen, Sternen und dem Hauch des Atems.«
George Bernard Shaw

Wie Ketten weißer Perlen leuchten die Inseln der Kornaten zwischen Dugi Otok und Žirje aus dem klaren Blau der Adria: Hunderte von Eilanden und Riffen. So viele wie das Jahr Tage hat, sagt der Volksmund, 147 größere zählt die offizielle Statistik. 1980 wurde der weitgehend unbewohnte labyrinthische Archipel als **Nationalpark** unter Schutz gestellt. Von seinen 234 km^2 entfallen nur 69 km^2 auf die Inseln, der Rest ist maritimes Schutzgebiet, in dessen klarem Wasser eine ungewöhnlich artenreiche Meeresfauna und -flora heimisch ist.

Der Name des Archipels leitet sich vom lateinischen ›corona‹ (Krone) ab, und tatsächlich sind die Inseln nichts anderes als die Gipfel im Meer versunkener Ge-

Karstphänomene

Entlang der Küste Dalmatiens erstreckt sich der **Dinarische Karst**, ein Kalkgebirge, entstanden aus den Ablagerungen eines urzeitlichen Tropenmeeres. Eine Vielzahl verschiedenartiger Phänomene lässt sich beobachten, die allesamt auf eine Eigenschaft dieses Gesteins zurückgeht: Es ist wasserlöslich! Leicht kohlensaures Regenwasser löst den Kalkfels langsam, aber stetig auf, als wäre er ein großer Zuckerblock. An der Oberfläche zerfrisst es die Felsen zu **bizarren Formen**, und im Untergrund löst es **labyrinthische Höhlensysteme** heraus. Eine auf diese Weise geschaffene Landschaft bezeichnen die Geologen als Karst.

Seit Jahrtausenden ist das Wasser am Werk. Nach dem Sprichwort ›Steter Tropfen höhlt den Stein‹ sickerte es durch Spalten in den Fels, zerfraß ihn und bohrte sich immer tiefer und tiefer. **Karstschlote** entstanden – teilweise mehrere Hundert Meter tief. Risse und Spalten wurden zu Gängen und Hallen erweitert, unterirdische Wasserläufe wuschen die Hohlräume zusätzlich aus – bis das Wasser noch tiefer sickerte und die **Karsthöhle** trockenfiel. Damit begann die zweite Phase des Höhlenbaus, die Aufbauphase. Denn der stete Tropfen löst nicht nur den Fels, er baut ihn auch wieder auf. Das Tropfwasser lagerte beim Verdunsten den gelösten Kalk als **Sinter** wieder ab. An der Decke, Wänden und am Boden der Höhlen wuchsen die Tropfsteine – **Stalaktiten** an der Decke und **Stalagmiten** am Boden. Im Laufe vieler Jahrtausende entstanden daraus bizarre Figuren und Märchengebilde.

Nahezu das gesamte Kalkgebirge ist auf diese Weise ›unterkellert‹ und von einem Labyrinth verzweigter Gänge durchzogen. Ganze Flüsse verschwinden daher urplötzlich in finsteren Höhlen, um nach rätselhaften unterirdischen Wegen ebenso unerwartet wieder ans Tageslicht zu brechen. Da sich das Wasser an der Oberfläche erwärmt, kann es nicht mehr so viel Kalk speichern wie das kalte Wasser unter der Erde und beginnt ihn als **Kalktuff** abzulagern [s. S. 42]. Im Küstengebirge verschwinden viele Flüsse aber auch auf Nimmerwiedersehen, um erst unter der Meeresoberfläche in die Adria zu münden. Diese **Vrulje** genannten Süßwasserquellen im Meer sind an ihrer gekräuselten Oberfläche zu erkennen und verleihen dem Wasser eine besonders intensive blaugrüne Färbung.

Wenn die Decken der unterirdischen Hohlräume an einzelnen Stellen einstürzen, entstehen trichterförmige Vertiefungen, so genannte **Dolinen**, die über hundert Meter tief sein können. Durch den Einsturz ganzer Höhlensysteme entstehen große Karstsenken, **Poljen:** flache Talbecken, die von Felswänden umgeben sind und oft von einem Fluss durchströmt werden, der auf der einen Seite aus dem Fels hervorstürzt und auf der anderen Seite wieder davon verschluckt wird. In solchen Becken können sich bei der Schneeschmelze **periodische Karstseen** bilden, die regelmäßig entstehen und wieder verschwinden, sodass man dort je nach Jahreszeit entweder fischen oder Heu ernten kann.

Der auf dem Kalk entstehende Verwitterungsboden ist sehr fruchtbar, und ursprünglich war der gesamte Dinarische Karst von üppigen Wäldern be-

birgszüge. Siedlungen mit einer Hand voll Hirten und Fischern gibt es nur auf den außerhalb des Parks gelegenen beiden größten Inseln: **Kornat** (33 km²) und **Žut** (15 km²). Doch auch sie sind nur im Sommer bewohnt, denn auf den Eilanden aus nacktem oder von karger Kräuterflora bedecktem Kalkfels gibt es keine Wasserquellen. Dafür zeigen sie die ganze Formenvielfalt der Karstphänomene wie Höhlen, Karren und Dolinen sowie schräg gestellte Felsplatten mit bis zu 80 m hohen Steilklippen.

Noch in römischer Zeit war der Archipel von Wäldern bedeckt. Als sie gerodet wurden, begann die Verkarstung: Die Erde wurde weggespült und die Felsen vom Wasser zerfressen. Zurück blieb eine bizarre Inselwelt, die heute das Dorado der Taucher und Skipper ist – mit modernen Marinas und guten Restaurants auf Žut und Piškera sowie zahlreichen Naturhäfen. Man kann Boote mit und ohne Besatzung chartern oder von Murter, Primošten, Biograd, Vodice und Šibenik aus an Ausflügen teilnehmen.

deckt. Doch bereits die Römer und später die Venezianer schlugen die Karstwälder kahl. Heftige Winde, die Bora, fegten die bloßgelegte Krume davon, und Regen wusch den Felsgrund blank. Zurück blieben nackter Fels und ödes Heideland. Nur in den Dolinen und Poljen wurden kleine Inselchen fruchtbarer Lehmerde zusammengewaschen, die durch sorgsam aufgeschichtete Steinmauern geschützt werden müssen. Da das wasserdurchlässige Gestein ohne schützende Humusschicht selbst starke Regengüsse rasch verschluckt, ist das dinarische Karstland heute überwiegend ein trockenes Land, das sich als karge Trockensteppe präsentiert, oft auch als reine Steinwüste.

Der blanke Fels – auch als **nackter Karst** bezeichnet – wird ebenfalls vom Wasser zerfressen, sodass bizarre Felsgebilde, Canyons und wilde Schluchten [s. S. 39] entstanden sind. An der Oberfläche abfließendes Wasser löst aus den massiven Kalkplatten zunächst ein filigranes Muster feiner Rillen, **Rillenkarren**, die an kannelierte Säulen erinnern. Dazwischen bleiben messerscharfe Grate stehen. Tausend Jahre dauert es, nur etwa 1–2 cm tiefe Rillen zu schaffen. Aber die Schöpfung hat viel Zeit, und an vielen Stellen sind bereits ganze Labyrinthe aus metertiefen Rinnen entstanden, die als **Karrenfelder** bezeichnet werden. Am Grund dieser Rinnen kann sich die fruchtbare Erde sammeln wie in Blumenkästen, sodass mitten in der felsigen Einöde eine reiche Vielfalt oft seltener Blumenarten gedeiht. Erstaunliche Kontraste einer Natur, in der Felsenwüste und üppiger Pflanzenreichtum so eng verflochten sind!

ℹ Praktische Hinweise

Information

Kornati Nationalpark, Butina 2, Murter, Tel. 022/43 57 40, Fax 022/43 50 58, www.kornati.hr

Tagesausflüge zu den Kornaten bieten mehrere Reisebüros u. a. **Agentur Atlas**, Ul. hrvatskih vladara 8, Murter, Tel. 022/43 40 17, Fax 022/43 40 17 (Mai–Sept.) und **Reisebüro Plava Laguna**, Ivana Gundulića 2, Zadar, Tel./Fax 023/33 44 68

Kleinod altkroatischer Architektur – Sveti Križ in Nin gehört zu den ältesten Sakralbauten der Region

8 Nin

Die Wiege der Nation.

Die alte Königsstadt Nin liegt 20 km nördlich von Zadar auf einer kleinen, über Brücken zu erreichenden Insel, die noch von Resten der mittelalterlichen Stadtmauer eingefasst ist. So bescheiden sich der Ort heute zeigt, so wichtig war seine Rolle bei der Entstehung eines unabhängigen kroatischen Königreiches.

Bereits unter den Illyrern und Römern besiedelt, begann der Aufstieg 846, als *Fürst Trpimir* die erste kroatische Herrscherdynastie begründete und Nin zu seiner Residenz machte. Sein Nachfolger *Fürst Branimir* erklärte 879 seine Treue zum christlichen Glauben, worauf *Papst Johannes VIII.* den ersten selbstständigen Staat Kroatien offiziell anerkannte. Bis heute als *Nationalheld* verehrt wird *Grgur Ninski*, der dritte Bischof von Nin. Er führte einen unerschrockenen Kampf für eine kroatische Volkskirche und setzte gegen Rom durch, dass in der Liturgie anstatt des den Kroaten unverständlichen Lateins **Glagoliza** verwendet wurde. Nins Niedergang kam 1646, als Venedig, das 1409 die Herrschaft übernommen hatte, die Stadt räumen und zerstören ließ, damit sie den vordrängenden Türken nicht als Stützpunkt dienen konnte.

8 Nin

Missionierungskampagne – um die Kroaten für den orthodoxen Glauben zu gewinnen, entwickelte Slawenapostel Kyrillos die glagolitische Schrift

Glagoliza, Kyrilliza und die Christianisierung des Balkans

Die Glagoliza ist neben der Kyrilliza die zweite Form der kirchenslawischen Schriften. Die ältere bulgarische oder **runde Glagoliza** wurde bereits ab dem 10. Jh. durch die einfachere Kyrilliza verdrängt, während sich die kroatische oder **eckige Glagoliza** bis in die Neuzeit erhalten hat.

Der griechische Slawenapostel **Kyrillos** war vom byzantinischen Kaiser Michael III. 864 zusammen mit seinem Bruder **Methodios** nach Kroatien geschickt worden, um der römisch-katholischen Missionstätigkeit der Franken unter Karl dem Großen mit byzantinisch-orthodoxer Missionierung Konkurrenz zu machen. Ein Bekehrungswerkzeug war die um 860 von Kyrillos entwickelte glagolitische Schrift. Sie hatte die Aufgabe, Slawen und Kroaten, die des Lateinischen nicht mächtig waren, religiöse Texte und Predigten verständlich zu machen.

Die in ihrer ursprünglichen Form 38 Buchstaben umfassende Schrift basierte auf den griechischen **Kleinbuchstaben**, die Kyrillos den phonetischen Besonderheiten des Altslawischen anpasste. Eines der ältesten Dokumente in kroatischer Glagoliza ist die um 1100 entstandene **Tafel von Baška**. Auch die in anderen Gebieten des Balkans gebräuchliche Kyrilliza, aus den griechischen **Großbuchstaben** entwickelt, wird (vermutlich zu Unrecht) Kyrillos zugeschrieben.

In Kroatien allerdings wurde die Glagoliza, die zu einem **Symbol des Widerstandes** gegen römische Fremdherrschaft und lateinischen Klerus geworden war, 1060 verboten. Die lateinische Schrift und die römisch-katholische Liturgie wurden durchgesetzt, Papst Innozenz IV. aber ließ 1248 die Glagoliza und ihre Verwendung in der Liturgie wieder zu. Sie blieb in einigen Regionen Kroatiens – parallel zur lateinischen Schrift – bis ins 20. Jh. gebräuchlich.

Die Schriften und Liturgien signalisieren zugleich die unterschiedliche kulturelle Entwicklung der Balkan-Völker: Während die Slowenen und Kroaten die römisch-katholische Konfession annahmen und das lateinische Alphabet verwendeten, übernahmen die Serben und Bulgaren den orthodoxen Glauben und die kyrillische Schrift – eine tiefe Spaltung, die sich bis in unsere Zeit unheilvoll auswirkt.

Heute sind nur noch wenige historische Bauwerke in Nin erhalten, doch diese zählen zu den kulturhistorisch bedeutendsten Kroatiens. Auf einem Hügel vor der Ortschaft thront die im 11. Jh. aus hellem Naturstein erbaute, frisch restaurierte Kreuzkuppelkirche **Sveti Nikola** (St. Nikolaus). Im 16. Jh., während der Türkenkriege, wurde die Kuppel des winzigen Zentralbaus durch einen zinnenbewehrten Turm ersetzt – zusammen mit der ausladenden Pinie ein malerisches Motiv.

Im Zentrum von Nin erhebt sich die Pfarrkirche **Sveti Anzelmo**, die auf den Resten eines frühchristlichen Gotteshauses erbaut wurde und in ihrer heutigen Form überwiegend aus dem 18. Jh. stammt. In der *Schatzkammer* werden neben wertvollen Gold- und Silberschmiedearbeiten auch Reliquien aus dem 9.–14. Jh. aufbewahrt, darunter eine Hand- und eine Schulterreliquie des hl. Anselmus. Nach wenigen Schritten erreicht man das von viel Grün umgebene bekannteste Bauwerk von Nin, **Sveti Križ** (Heiliges Kreuz). Die strahlend weiß verputzte Kreuzkuppelkirche aus dem 9. Jh. ist eine der ältesten und am besten erhaltenen altkroatischen Gotteshäuser. Die Inschrift über dem Eingang, eine der frühesten Kroatiens, nennt König Godežav. Da Sveti Križ einst vermutlich Bischofssitz war, wird das Kirchlein auch als kleinste Kathedrale der Christenheit bezeichnet. Schräg gegenüber steht die von *Ivan Meštrović* geschaffene Bronzestatue des Bischofs *Grgur Ninski*.

Bei einem Bummel durch die stillen Gassen stößt man immer wieder auch auf die antike Vergangenheit von Nin und entdeckt korinthische Säulenfragmente, die als Grundstücksbegrenzungen oder Poller Verwendung finden. Weitere antike Fundstücke können im kleinen **Archäologischen Museum** (Juli/Aug. tgl. 8–21 Uhr, sonst nach Anmeldung unter Tel./Fax 023/26 47 26) nahe der Pfarrkirche besichtigt werden. Interessantestes Exponat ist eine Nachbildung des in Nin gefundenen Taufbeckens des Fürsten *Višeslav* (9. Jh.). Das Original wird heute in Split aufbewahrt [s. S. 75].

Herrliche Bademöglichkeiten bieten die bis auf ein paar Einheimische menschenleeren Sandstrände **Ždrijac** und **Pliša blato**, die am Ortsrand die seichte Bucht von Nin säumen.

9 Nationalpark Paklenica
Nacionalni park Paklenica

Die wilden Schluchten des Nationalparks sind ein Dorado für Freikletterer.

Idealer Ausgangspunkt für Ausflüge in den Nationalpark Paklenica ist das Hafenstädtchen **Starigrad**-**Paklenica**, wo es auch ausreichend Unterkünfte gibt.

Am südlichen Rand der Gebirgskette *Velebit* erstreckt sich der 1949 eröffnete 102 km² große Nationalpark mit seinen beiden spektakulären **Karstschluchten**. Die Besucher erwartet eine fantastische Szenerie aus gigantischen, wild zerklüfteten Felswänden, durch die das Wasser zweier Wildbäche seinen Weg gefräst hat. So hat man sich als Jugendlicher die Landschaft bei der *Karl-May-Lektüre* vorgestellt, und tatsächlich dienten die Schluchten in den 1960er-Jahren als Filmkulisse für ›Old Surehand‹.

Vom Eingang des Nationalparks direkt hinter der Ortsgrenze fährt man auf einem Schotterweg noch knapp 2 km bis zum Parkplatz. Hier beginnt die Wanderung durch die 10 km lange Schlucht **Velika Paklenica**. Im imposantesten ersten Abschnitt der ›großen Paklenica‹ rücken die Felswände immer enger zusammen. Fast senkrecht ragen sie bis zu 400 m empor und lassen kaum Platz für den schmalen Pfad, der sich zwischen haushohen Felsblöcken die Klamm hinaufwindet. Dieser Felsen und die 2 km oberhalb gelegene Wand **Anića Kuk** sind das Dorado der Sportkletterer. Schließlich weitet sich die Schlucht zu einem blühenden *Tal*, in dem

Am seidenen Faden – die Paklenica-Schlucht ist ein Dorado für Klettersportler

9 Nationalpark Paklenica

man bequem spazieren oder ausgedehnte Wanderungen ins Hinterland des Velebit unternehmen kann.

Noch abgelegener und nur geübten Wanderern zu empfehlen ist die 7 km lange Schlucht **Mala Paklenica**, die man über die 2 km südöstlich von Starigrad gelegene Ortschaft Seline erreicht. Die ›kleine Paklenica‹ ist 300–500 m breit und von dichtem Strauchwerk durchzogen. Doch Vorsicht in der feuchten Jahreszeit, wenn der Felspfad rutschig ist. Führt der Bach Wasser, ist die Schlucht sogar unpassierbar.

Praktische Hinweise

Information

TZO, Trg Tome Marasovića 1, Starigrad-Paklenica, Tel. 023/36 92 45, Fax 023/36 92 55

Nationalpark-Verwaltung, Dr. Franje Tuđmana 14 a, Starigrad-Paklenica, Tel. 023/36 91 55, Fax 023/35 91 33, www.paklenica.hr. Hier gibt es Landkarten und es werden Trekkingtouren, ornithologische Wanderungen sowie Reittouren angeboten.

Ein Ausflug ins Grüne – der Nationalpark Paklenica bietet sich für ausgedehnte Wanderungen an (**oben**). *Eine ideale Filmlandschaft – die Plitwitzer Seen dienten in den 1960er-Jahren Apachenhäuptling Winnetou als atemberaubende Kulisse* (**rechts**)

Hotels

***Alan**, Franje Tuđmana 14, Starigrad-Paklenica, Tel. 023/20 90 51, Fax 023/20 90 73, www.bluesunhotels.com Großes Hotel, das in einem Park nahe dem Strand liegt und viele Sportmöglichkeiten bietet. Zum Hotel gehört ein Campingplatz.

***Vicko**, Jose Dokoze 20, Starigrad-Paklenica, Tel./Fax 023/36 93 04, www.hotel-vicko.hr. Nettes Familienhotel an der Küstenstraße mit großer Terrasse, Café, Supermarkt und Hotelstrand.

Planinarski dom Paklenica, Tel. 023/21 37 92. Einfache Hütte im Herzen des Nationalparks, ideal als Ausgangspunkt für Wanderungen.

Restaurants

Jabuka, Ivica Adžić, Starigrad-Paklenica, Tel. 023/36 97 67. Die nahe der Parkverwaltung gelegene Gaststätte serviert Fisch, Lamm, Schinken und Käse.

Rajna, Marin Marasović, Starigrad-Paklenica, Tel. 023/36 91 30. Der traditionelle Treffpunkt der Kletterer an der Durchgangsstraße bietet Grill-, Fisch- und Muschelspezialitäten sowie komfortable Gästezimmer mit Meeresblick.

10 Nationalpark Plitwitzer Seen
Nacionalni park Plitviäka jezera

 Grüne Wunderwelt aus Wald und Wasser.

Wer hat nicht schon einmal die berühmten Verfilmungen von Karl Mays ›Winnetou‹ gesehen? Die Naturlandschaft des Nationalparks Plitwitzer Seen diente dem bekanntesten aller Apachenhäuptlinge in den 1960er-Jahren mehrfach als grandiose Kulisse. Vom Wasser abgelagerter

Nationalpark Plitwitzer Seen

Urwald in Europa – an den Plitwitzer Seen zeigt sich Natur von der üppigsten Seite

Wie Wasser Dämme baut

So bizarr und komplex die Wunderwelt der **Seen** und **Tuffterrassen** im Nationalpark Plitwitzer Seen auch aussehen mag, ihre Entstehung hat eine ganz einfache Ursache: die Wasserlöslichkeit des Kalks. Ringsum auf der Hochebene versickert das Regenwasser in Tausenden von Klüften und löst das Gebirge im Laufe der Zeit von innen her allmählich auf. Tritt das **kalkhaltige Wasser** wieder an die Oberfläche, wird es erwärmt. Und je wärmer das Wasser, desto weniger Kalk kann es speichern. Also fällt er aus und setzt sich in Gestalt winziger weißer Kristalle ab. Auf dem Grund der Seen sammeln sie sich zu **weißem Kalkschlamm**, der das Licht besonders stark reflektiert und den Seen ihre geradezu unwirklich blaue und leuchtend türkisgrüne Färbung verleiht.

Moose, Äste, Algen und Laub überzieht der Kalk mit einer harten Kruste. Sie versteinern und verbacken zu einem löchrigen Tuffgestein, das der Fachmann als **Kalksinter** oder **Travertin** bezeichnet. Dieser Prozess schreitet dort am schnellsten voran, wo das Wasser durch Hindernisse aufgehalten wird und daher am flachsten und wärmsten ist. Solche Hindernisse werden folglich nicht abgetragen, sondern immer höher aufgebaut. Sie bilden **Barrieren** und **Terrassen**, die das Wasser zu Teichen und Seen stauen und immer neue Landschaften gestalten. Etwa 2–3 cm pro Jahr wachsen die **Sinterwälle**, und rund 4000 Jahre hat es gedauert, bis aus einem einfachen Flusslauf die heutigen Terrassenseen entstanden waren. Noch immer baut das Wasser weiter. Aber gelegentlich durchbricht es auch die Barrieren, sucht sich einen neuen Lauf und baut sie an anderer Stelle wieder auf: ein dynamischer Prozess stetiger Verwandlung, der ein atemberaubend schönes **Naturschauspiel** geschaffen hat.

Kalk hat hier Terrassen und Barrieren gebildet und ein spektakuläres Naturschauspiel aus Seen und Wasserfällen geschaffen, das 1949 als Nationalpark unter Schutz gestellt und 1979 ins UNESCO-Verzeichnis des Weltnaturerbes aufgenommen wurde.

Wie Perlen an einer Kette reihen sich über eine Entfernung von nur 7 km 16 Seen mit kristallklarem Wasser aneinander – getrennt durch Kalkbarrieren, über die rauschende Wasserfälle insgesamt 156 m in die Tiefe stürzen. Fast 90% des 300 km² großen Nationalparks bedecken dichte Wälder – Urwälder, in denen noch heute Hirsche, Luchse, Wildkatzen, Braunbären und Wölfe leben.

10 Nationalpark Plitwitzer Seen

Von der Küste kommend, erreicht man auf der Fernstraße 13 (E 71) Richtung Zagreb zunächst den Eingang 2 (Ulaz 2) bei den **Oberen Seen**. Ein Weg führt etwa 500 m hinab zum großen **Kozjak jezero**, an dessen Ufer zwei idyllische Picknickplätze liegen. Auf der Westseite dieses unfassbar grünen Gewässers beginnt ein Labyrinth aus Seen und Katarakten, die durch Pfade, Brücken und Holzstege erschlossen sind. Sieben Seen und zahllose Teiche liegen zwischen dem Kozjak und dem noch größeren **Prošćansko jezero**, gesäumt von Sumpfflächen und einer ganzen Kette von Sinterterrassen, über die das Wasser in zahlreiche Arme verästelt herunterrauscht.

Nährstoffreicher *Kalkboden* und das Wasser haben in dem von trockener Heide umgebenen Tal eine so üppig wuchernde **Pflanzenwildnis** entstehen lassen, dass man sich fast in einen tropischen Urwald versetzt fühlt: weiße Wasserfälle, moosgrüne Felsen und glasklare Seen, in denen sich das satte Grün der Buchenwälder spiegelt. Stundenlang kann man durch diese Wasserwildnis wandern, und wer des Wanderns müde ist, der steigt wenige Meter hinauf zu dem Teersträßchen am Südostufer der Seen, um mit einem der Panoramabusse zurück zum Eingang zu fahren.

Von den Oberen zu den **Unteren Seen** kann man durch das Tal wandern oder auf der E 71 zum etwa 5 km entfernten Eingang 1 (Ulaz 1) fahren, von dem ein Serpentinenweg in die Schlucht führt.

Während die Oberen Seen durch Tuffbarrieren aufgestaut wurden, sind die Unteren Seen als *Einbruchsbecken* entstanden. Hier hat sich das Wasser bis in die Schicht des Kalkgesteins gegraben, ist versickert und hat den Fels ausgehöhlt – bis die unterirdischen Hallen eingestürzt sind und diese wilde Schlucht hinterließen. Hier ist der Canyon am tiefsten, und die **Wasserfälle** sind am höchsten. 76 m stürzt das Flüsschen **Plitvica** in den Felsenkessel. Schon vom Schluchtrand, wenige Schritte vom Eingang 1 entfernt, genießt man einen grandiosen Blick in die Tiefe. Unten führen Stege bis an den tosenden Plitvice-Wasserfall heran.

Praktische Hinweise

Information

Nationalpark-Verwaltung, Tel. 053/75 10 14, Fax 053/75 10 13, www.np-plitvicka-jezera.hr

Laufsteg für die Natur – auf schmalen Holzstegen kann man im Nationalpark Plitwitzer Seen die atemberaubende Gewässerlandschaft hautnah erleben

Hotels

Alle drei Hotels der Plitwitzer Seen liegen im Zentrum des Parks am waldigen Westhang beim Eingang 2.

*****Jezero**, Tel. 053/75 14 00, Fax 053/75 16 00. Das Hotel verfügt über 229 Zimmer, 7 Apartments, 2 Restaurants, Whirlpool und Fitnesscenter.

****Bellevue**, Tel. 053/75 17 00, Fax 053/75 10 13. Das Haus bietet 70 Zimmer, teilweise mit Balkon (nur Frühstück).

****Plitvice**, Tel. 053/75 11 00, Fax 053/75 11 65. Das Hotel hat 51 Zimmer in drei verschiedenen Kategorien, teilweise mit Balkon.

Camping

Korana, Tel. 053/75 18 88. Hübscher, aber fast schattenloser Campingplatz außerhalb des Parks nahe der Ortschaft Plitvička Jezera (geöffnet Mai–Sept.).

Restaurant

Licka Kuca, Eingang 1. Das in einem hübschen Holzgebäude untergebrachte Lokal bietet Lamm am Spieß, frische Forellen und Käse der Region.

Die norddalmatinische Küste von Biograd na Moru bis Vodice – ein Paradies für Wassersportler

Hat man – vom Nationalpark Paklenica kommend – auf der Maslenica-Brücke den Meeresarm zwischen *Adria* und *Novigradsko More* überquert, so ändert sich das Landschaftsbild vollkommen: Die weißen Berge treten zurück, das Land wird grüner und der Küstensaum weitet sich. Zwischen Zadar und Šibenik erstreckt sich die hügelige Hochebene *Ravni kotari*, fruchtbares Land mit Weinbergen, Feldern, Obstgärten und Olivenhainen. Hier beginnt die Badeküste Dalmatiens. Malerische alte Städte, belebte Strände und stille Buchten reihen sich in bunter Folge aneinander. **Biograd** ist ein beliebter Ausgangspunkt für Segelausflüge in den Kornaten-Archipel. Ein Stück weiter südlich liegt **Pakoštane** zwischen Meer und *Vransko jezero*. Dieser größte See Kroatiens lockt mit seinem Fischreichtum zahlreiche Angler an. Weiter streift die Küstenstraße das von Badebuchten eingerahmte **Pirovac** und erreicht kurz dahinter die Abzweigung zur Ferieninsel **Murter**, die für ihre traumhaften Buchten und Sandstrände bekannt ist. Nach einem kurzen Seitensprung ins Landesinnere führt die Adria-Magistrale schließlich in das malerische Hafenstädtchen **Vodice**, das sich dank seiner modernen Marina zu einem gefragten Ferienort entwickelt hat.

11 Biograd na Moru

Modernes Seebad mit großer Vergangenheit.

Auf dem Weg von Zadar nach Biograd na Moru bieten sich mehrere schöne Badeorte für einen Aufenthalt an. Rund 9 km südöstlich liegt an einer geschützten Bucht die **Marina Zlatna Luka** (Goldener Hafen) – mit 1400 Liegeplätzen einer der größten Jachthäfen der Adria. Am anderen Ende der weiten Bai erstreckt sich das malerische Städtchen **Sukošan**. An der Pfarrkirche *Sveti Kasijan* (St. Cassian), die im 11. Jh. erbaut und im 17. Jh. umgestaltet wurde, kann man am Giebel einer Chorschranke (11. Jh.), die über dem Seiteneingang eingemauert ist, kunstvoll verschlungene Flechtornamente (*Pleter-Motive*) entdecken. Rund um die Ortschaft gibt es zahlreiche, teils sandige, teils kieselsteinige Strände. Nach weiteren 14 km erreicht die Küstenstraße den Badeort **Sveti Filip i Jakov**, der mit seinen schönen Stränden zu erholsamen Tagen einlädt.

Biograd na Moru, 27 km südlich von Zadar, ist das Zentrum der *Biogradska Riviera*. Die Wurzeln des Badeortes reichen zurück bis in illyrische Zeit. Seine größte Blüte erlebte Biograd Ende des 11./Anfang des 12. Jh. 1059 gründete *König Petar Krešimir* das Bistum Biograd, und 1102 wurde hier der ungarische *König Koloman* zum Oberhaupt der Kroaten gekrönt. 1125 belagerte und zerstörte Venedig die alte Residenz, baute sie anschließend aber wieder auf. 500 Jahre später, 1646, brannten die Biograder auf der Flucht vor den Türken ihre Stadt bis auf die Grundmauern nieder.

Großartige Baudenkmäler aus der Antike oder der glanzvollen Zeit als Königsstadt darf man hier nicht erwarten. Dennoch hat Biograd neben der bescheidenen Pfarrkirche *Sveta Stošija* (St. Anastasia) ein echtes Highlight zu bieten, das **Zavičajni muzej** (Heimatmuseum, Krešimirova 22, Mo–Sa Sommer 9–12 und 19–22, Winter 7–14 Uhr). Neben römischen und altkroatischen Funden werden Frachtstücke aus dem Wrack eines venezianischen Handelsschiffes ausgestellt, das im 16. Jh. im *Pašmanski kanal* gesunken ist, darunter zahlreiche Geräte, Gegenstände und Kleidungsstücke, die ein Bild vom Alltag jener Zeit vermitteln.

Moderne Jachthäfen, schöne Strände und gute Wassersportmöglichkeiten machen Biograd na Moru zum beliebtesten Ferienort der Biogradska Riviera

11 Biograd na Moru

Das heutige Biograd, durch Fähren mit der vorgelagerten Insel Pašman verbunden, ist ein Ferienort wie aus dem Ei gepellt. Die großzügig angelegte Uferpromenade sowie die modernen Marinas ziehen scharenweise Urlauber an. Die buchtenreiche Küste rund um die Ortschaft bietet exzellente Möglichkeiten für Wassersportler, der *Pašmanski kanal* gute Bedingungen für Surfer. Einen besonders schönen, von Pinien gesäumten Sandstrand findet man in der **Soline-Bucht** am südlichen Ortsrand. Und mit Taxibooten kann man sich zur FKK-Insel **Sveta Katarina** schippern lassen.

Praktische Hinweise

Information

TZG Biograd, Trg hrvatskih velikana 2, Biograd, Tel. 023/38 31 23, Fax 023/38 53 82, www.tzg-biograd.hr

TZO Sukošan, Ulica I. kbr 89, Sukošan, Tel. 023/39 41 04, Fax 023/39 33 45

TZO Sveti Filip i Jakov, Kuntrata bb, Sveti Filip i Jakov, Tel. 023/38 90 71, Fax 023/38 92 39, www.sv-filipjakov.hr

Hotels

*****Bolero**, Ivana Meštrovica 1, Biograd, Tel. 023/38 68 88, Fax 023/38 68 80, www.hotel-bolero.hr. 73 Doppelzimmer, alle mit Balkon, TV, Telefon und Zusatzbett. Im Hotel Aperitivbar, Internet-Café, Billard, Sauna. Abends Musik und Tanz.

****Croatia**, Sveti Filip i Jakov, Tel. 023/39 01 00, Fax 023/38 86 67, www.apartmani-croatia.com.hr. Großzügige Anlage mit 110 modernen Apartments für 2–6 Personen und einem Hotel garni.

Restaurants

Kornati, Šetalište kneza Branimira 1, Biograd, Tel. 023/38 45 05. Auf dem Gelände einer Marina gelegenes Restaurant mit Blick auf das Meer und exzellenten Fisch- und Fleischgerichten.

Meduza, Augusta Šenoe 24, Biograd, Tel. 023/38 40 25. Sehr umfang- und abwechslungsreiches Angebot an Speisen, deren Zutaten stets frisch aus Garten und Meer stammen. Die Portionen sind üppig, die Preise günstig, der Wirt ist nett, der Gast heilig.

Die Hafenmole von Biograd na Moru ist der bevorzugte Badeplatz der jüngeren Urlauber

Der stets belebte Strand von Biograd na Moru ist von Kiefern und Cafés gesäumt

12 Pakoštane

Badestrände zwischen Salz- und Süßwasser.

Nur 800 m breit ist der Landstreifen zwischen Adria und Vransko jezero, auf dem sich **Pakoštane** erstreckt. So bietet der Ort seinen Gästen die Wahl zwischen blauem Meer und grünem See. Für den besonderen Reiz Pakoštanes sorgt ein ausgedehnter Pinienwald, der fast bis an die malerischen Strände heranreicht. Und dicht vor der Küste lockt eine Reihe winziger Eilande zu Entdeckungsfahrten mit dem Boot.

Der grüne **Vransko jezero** (Vrana-See) nahe der Adria-Magistrale ist mit einer Länge von über 12 km und einer Wasserfläche von 30 km^2 der größte natürliche See Kroatiens. Einst war er sogar mehr als doppelt so groß, aber um Ackerland zu gewinnen, hat man schon in osmanischer Zeit einen Kanal durch die Landenge zwischen See und Meer gegraben, sodass ein Großteil des Wassers abfloss. Dennoch ist der See bis heute ein einzigartiges *Biotop* und ein beliebtes Urlaubsziel. Sein Reichtum an Karpfen, Hechten, Aalen und Welsen lockt Angler aus ganz Europa an. Und das Sumpfland an seinem Nordufer ist ein Schutzgebiet, in dem zahlreiche Wasservögel brüten, darunter die einzige Kolonie von Purpurreihern in Kroatien.

Im nahe gelegenen Ort **Vrana** steht ein für Europa wohl einzigartiges Bauwerk: die **Maškovića Han**, eine osmanische Karawanserei, die der türkische Wesir *Jusuf Mašković* 1644 errichten ließ. Sie ist allerdings stark restaurierungsbedürftig und kann nur von außen besichtigt werden.

Praktische Hinweise

Information

TZO Pakoštane, Trg Kraljice Jelene 78, Pakoštane, Tel. 023/38 18 92, Fax 023/38 16 08, www.summernet.hr/pakostane

Hotel

**Kozarica, Pakoštane, Tel. 023/38 10 70, Fax 023/38 10 68, www.adria-more.hr. Im Kiefernwald am Ortsrand gelegene großzügige Anlage. Apartments für 2–6 Personen und ein Campingplatz. Mit Supermarkt, Café, eigenem Strand und einem großen Sportangebot.

Restaurants

3 Ferala, Pakoštane, Tel. 023/38 11 07. Gemütliches Restaurant im Zentrum mit hervorragender dalmatinischer Küche.

12 Pakoštane

Vransko Jezero, Camp Crkvine, Tel. 023/38 10 04. In der Gaststube oder auf der Terrasse mit herrlichem Seeblick kann man köstlich zubereitete Süßwasser-Fischgerichte genießen, darunter Spezialitäten wie frischen Wels, den es sonst an der ganzen Küste nicht gibt.

13 Pirovac

Badeort mit Heilschlamm.

Über den *Vransko kanal*, jene Verbindung zwischen der Adria und dem Vransko jezero, hinweg und durch flache Waldlandschaft erreicht man bald das in der Bucht gleichen Namens gelegene Städtchen Pirovac, das von mehreren malerischen Stränden umgeben ist. Ablagerungen von Heilschlamm in der *Makirina-Bucht* werden therapeutisch genutzt, Badefreuden mit Robinson-Feeling bietet das Inselchen **Sustipanac** nördlich des Ortes.

Praktische Hinweise

Information
TZM Pirovac, Kralja Krešimira IV br. 6, Pirovac, Tel. 022/46 67 70, Fax 022/46 74 23

Fernab touristischer Trampelpfade – an dem für seinen Fischreichtum bekannten Vransko jezero finden Angler noch stille Plätze **(oben)**, *die Küste von Murter mit ihren zahlreichen natürlichen Häfen lädt zu ausgedehnten Segeltörns ein* **(unten)**

Hotel
***Miran**, Zagrebačka b.b., Pirovac, Tel. 022/46 68 03, Fax 022/46 70 22, www.rivijera.hr. Hotel mit 71 Zimmern, angeschlossener Bungalowanlage sowie Campingplatz, alles direkt am Strand. Mit Meerwasser-Schwimmbad, Tennis- und Volleyballplätzen, Möglichkeiten zum Windsurfen, Wasserskifahren u. a.

14 Murter

Sprungbrett zur norddalmatinischen Inselwelt.

Eine Klappbrücke in der Ortschaft Tisno führt auf die nur durch den schmalen *Murterski kanal* vom Festland getrennte 11 km lange und bis zu 2,8 km breite Insel Murter (19 km^2) hinüber. Das hügelige und fruchtbare Eiland im Nordwesten des *Šibeniker Archipels* begrüßt seine Besucher mit grünen Weinbergen, Obstgärten und Gemüsefeldern. Ein großer Teil

14 Murter

der gut 5000 Einwohner lebt noch immer von der Landwirtschaft und der Fischerei, doch der Tourismus wird als Erwerbszweig immer wichtiger. Dank zahlreicher malerischer Strände und großer Marinas in den drei Inselorten **Betina**, **Murter** und **Jezera** ist Murter als Ferienziel nicht nur bei kroatischen Urlaubern gefragt. Das Eiland ist eine wichtige Station für Skipper auf ihrem Segeltörn durch die norddalmatinische Inselwelt. Für Urlauber, die keine eigene Jacht zur Verfügung haben, organisieren Reisebüros Ausflüge in die Kornaten und auf einsame Inseln.

Die attraktivsten *Badereviere* von Murter befinden sich an der Westküste der In-

Murter

Ein Paradies für Skipper

Die Küste Kroatiens und die ihr vorgelagerten Inseln zählen zu den abwechslungsreichsten **Segelrevieren** der Welt. 3000 km misst allein die Festlandküste. Zusammen mit den Inseln ergeben sich **6000 km Küstenlinie**. Wie viele Inseln und Eilande im Blau der Adria schwimmen, weiß niemand genau. Über 1000 hat man gezählt, und von ihnen sind gerade einmal 67 bewohnt.

Neben stillen Ankerplätzen in einsamen Buchten bieten **46 Marinas** mit fast durchweg hervorragender Ausstattung Liegeplätze. Alle Jachthäfen sind in der **Croatian Marinas Association HUM** (Hrvatska udruga marina, Bulevar oslobodjenja 23, Rijeka, Tel. 051/20 91 30, Fax 051/21 60 33) organisiert. 21 betreibt der **Adriatic Croatia International Club** (ACI, www.aci-club.hr), der sich durch guten Service auszeichnet. Die ausgezeichnete Infrastruktur für Wassersportler sowie günstige Winde machen die **dalmatinischen Archipele** zwischen Zadar und Dubrovnik zu einem Paradies für Segler. Und wer diese Art des Reisens erlernen möchte, für den stehen zahlreiche Segelschulen bereit, beispielsweise der **Oreb Club International** (Gradski Park, Korčula, Juni–Sept., Tel. 0 20/71 10 43).

sel. Die von weißen Felsen und grünen Pinien eingefasste **Slanica-Bucht** ist mit ihrem flachen Sandstrand und dem klaren Wasser besonders bei Familien beliebt. Mit Hotel und Restaurants bietet sie zwar Komfort, ist aber auch etwas verbaut. Ursprünglicher – und entsprechend spärlicher ausgestattet – ist die weite Bucht **Kosirina** am Südwestufer, die ganz den Campern und Windsurfern gehört.

Praktische Hinweise

Information
TZM Jezera, Put Zatratica 3, Jezera, Tel./Fax 022/43 91 20, www.summernet.hr/jezera
TZO Murter, Rudina b. b., Murter, Tel./Fax 022/43 49 95, www.tzo-murter.hr
TZM Betina, Trg na Moru 1, Betina, Tel. 022/43 49 96, Fax 022/43 52 31

Hotel
***Colentum**, Put Slanice b.b., Tel. 022/43 11 11, Fax 022/43 52 55, www.hotel-colentum.hr. Das mehrstöckige Hotel liegt direkt am Strand und bietet Apartments, Tenniskurse, Jetski etc.

Camping
Kosirina, Betina, Tel. 022/43 52 68, Fax 022/43 52 18. Einfacher Platz (teilweise FKK) in der gleichnamigen Bucht mit Sand- und Kiesstrand.
Lovišća, Jezera, Tel. 022/43 96 00, Fax 022/43 92 15, www.jezera-kornati.hr. Großer, kürzlich modernisierter Platz am Murterski kanal mit makellosen Sanitäranlagen, Restaurant, Supermarkt, Tennis- und Tauchschule sowie Bootsverleih.

Restaurants
Bison, Put Goricine 66, Murter, Tel. 022/43 46 18. Gemütliches Restaurant der mittleren Preisklasse, in dem man dem Koch bei der Arbeit zusehen kann. Spezialitäten sind Pfefferterrine und vielfältige Fischgerichte.
Carevi Dvori, Obala Sv. Ivana 19, Jezera, Tel. 022/43 90 68. Am Hafenbecken gelegenes Restaurant der gehobenen Kategorie mit kleiner Terrasse und sehr guter Küche. Besonders zu empfehlen sind die Fisch- und Muschelgerichte.
Marina, Tel. 022/43 92 94. Nobles Restaurant in der ACI Marina. Das Essen ist vorzüglich, aber nicht ganz billig.

15 Vodice

Dank stets kräftiger Winde fühlen sich die Surfer vor der Küste von Vodice zu Hause

15 Vodice

Ferienzentrum mit Charme und schöner Hafenpromenade.

Während der Sommermonate, wenn die bunte Urlauberschar entlang der Hafenpromenade flaniert, kann es in Vodice mitunter etwas trubelig werden – die Altstadt mit ihren Natursteinhäusern sorgt jedoch dafür, dass der einstige Fischerort seinen heimeligen Charme bewahrt. Die moderne Marina östlich der Altstadt ist ein guter Ausgangspunkt für Segelausflüge in den nahen Archipel von Šibenik. Vodice bietet keine großen Sehenswürdigkeiten, aber eine gute touristische Infrastruktur mit Hotels, Restaurants und einem vielfältigen Sport- und Unterhaltungsangebot.

Praktische Hinweise

Information
TZG Vodice, Obala Jurićev Ive-Cota 10, Vodice, Tel./Fax 022/44 38 88, www.vodice.hr

Hotels
***Imperijal**, Vratoslava Lisinskog 2, Vodice, Tel. 022/45 44 54, Fax 022/44 04 68, www.rivijera.hr. Älteres, aber komfortables Ferienhotel östlich der Stadt mit Hallenbad, Swimmingpool und Tennisplatz. Angeschlossen ist ein Campingplatz (Tel. 022/45 44 12, Fax 022/44 04 68). Der ›Taucher-Treff Kornaten‹ bietet Tauchkurse und Exkursionen sowie einen Ausrüstungsverleih.

***Punta**, Grgura Ninskog, Vodice, Tel. 022/45 14 51, Fax 022/44 14 34, www.hotelvodice.hr. Moderner Hotelkasten auf einer waldigen Halbinsel mit klimatisierten Zimmern, Nachtklub und eigenem Strand.

Restaurants
Adriatic, Artina 15, Vodice, Tel. 022/44 29 50. Modern ausgestattetes Restaurant an der Promenade mit Fleisch und Fisch vom Grill, guten Weinen und großer Terrasse, auf der abends Livemusik geboten wird.

Dalmacija, Jurićev Ive-Cota 19, Vodice, Tel. 022/44 37 77. Das stilvoll ausgestattete Restaurant serviert ausgezeichnete Fisch- und Fleischgerichte und bietet zudem eine Terrasse mit Blick auf die Promenade.

Gušte, Mirka Zore b.b. Urig-rustikale Konoba mit einem breiten Angebot dalmatinischer Spezialitäten, hervorragender Grillgerichte und Steaks.

Luna, Pod Vrh 3, Tribunj, Tel. 022/44 17 23. Gutes Fischrestaurant mit Terrasse am Meer und großer Auswahl kroatischer Weine.

Zwischen Šibenik und Trogir – mittelalterliche Städte, wilde Wasserfälle und beliebte Badeorte

An der Küste zwischen Zadar und Split liegen einige der schönsten dalmatinischen Städte, allen voran das mittelalterliche **Šibenik**, das sich terrassenförmig an einem steilen Hang erstreckt und durch seine einzigartige Kathedrale und das labyrinthische Gassengewirr begeistert. In unmittelbarer Nachbarschaft zeigt sich auch die Natur von ihrer schönsten Seite, nur wenige Kilometer landeinwärts liegen die grandiosen Wasserfälle des **Krka Nationalparks**, die über 17 Katarakte in die Tiefe rauschen. Und vor der Küste bietet der **Archipel von Šibenik** Ruhe und Erholung. Hinter Šibenik schwingt sich die *Adria-Magistrale* wieder bis ans Ufer. Von hier bis nach Split erstreckt sich die Gartenküste Dalmatiens. Statt schroffer Felsen säumt nun fruchtbares Hügelland das blaue Meer, mit silbrig schimmernden Olivenhainen, Obstgärten und den berühmten Weinbergen von Primošten. Die Siedlungen an diesem Küstenabschnitt wurden fast alle auf festlandnahen Inseln errichtet, um Schutz vor den einfallenden Türken zu bieten. Und eine davon ist schöner als die andere: das malerisch auf einem Inselberg zusammengedrängte **Primošten**, das ruhigere **Rogoznica** und vor allem **Trogir**, eine mittelalterliche Stadtanlage wie aus dem Bilderbuch. Kurz vor Split verläuft – parallel zur Magistrale – die ›Straße der Kastelle‹. Hier wartet die Ortschaft **Kaštela** mit sage und schreibe sieben Kastellen auf.

16 Šibenik   *Plan Seite 54*

Alte kroatische Königsstadt, am Ufer der Krka auf einem Steilfelsen thronend.

Šibenik (52 000 Einw.) liegt nahe der Krka-Mündung an einer seeartigen Erweiterung des Flusses, der sich dann auf seinen letzten Kilometern zum Meer wieder stark verschmälert. Terrassenförmig baut sich die Altstadt an einem steilen, 70 m hohen Kalkfels empor und spiegelt sich im grünblauen Wasser der weiten Bucht.

◁ **Oben:** *Das beliebteste Schwimmbad Dalmatiens – im Nationalpark Krka formte das Wasser mehrere natürliche Becken und lieferte die Duschen gleich mit.*
Unten: *Die Kathedrale von Šibenik leuchtet wie eine strahlend weiße Perle aus dem roten Häusermeer der Altstadt heraus.*

Geschichte ›Castrum Sebenici‹ ist einer der wenigen Orte Dalmatiens, der nicht von Seefahrern gegründet wurde, sondern von **Kroaten**, die vor gut 1000 Jahren zur Küste vorstießen. Die erste urkundliche Erwähnung stammt von 1066, als sich *König Petar Krešimir IV.* hier aufhielt. 1116 eroberten die Venezianer die Hafenstadt, deren Herrschaft dauerte jedoch nur bis 1133. Dann wurde die Stadt dem **ungarisch-kroatischen Königreich** eingegliedert. *König Stjepan IV.* verlieh Šibenik 1167 das Stadtrecht und machte es zum Bischofssitz. 1412 fiel der Ort erneut an die Serenissima, wurde Anfang des 16. Jh. als Bollwerk gegen die **Türken** ausgebaut und erreichte in dieser Zeit seine höchste Blüte. Die venezianische Herrschaft dauerte bis 1796 an. Von 1797 bis 1918 gehörte Šibenik zum **Königreich Österreich-Ungarn** – unterbrochen nur durch eine kurzzeitige französische Besetzung (1805–13). Nach dem Ersten Weltkrieg wurde die Hafenstadt Italien zugeschlagen, musste jedoch durch den *Vertrag von Rapallo* 1920 an das Königreich der Serben, Kroaten und Slowenen abgetreten werden. Als Jugoslawien Anfang der 1990er-Jahre zerbrach, lag Šibenik 1991–94 unter serbischem Granatbeschuss. Die Schäden wurden rasch behoben, sodass heute nichts mehr an den Krieg erinnert. Seit 2000 gehört die Stadt zum UNESCO Weltkulturerbe.

Besichtigung   Die besten Chancen auf einen Parkplatz hat man hinter dem östlich der Altstadt gelegenen Busbahnhof. Von dort kann man am Wasser entlang zu der von Grünanlagen gesäumten Uferpromenade *Obala Oslobodenija* bummeln und erreicht schon bald die am Hang gelegene einschiffige Franziskanerklosterkirche **Sveti Frane** ❶. Im 14. Jh. errichtet, präsentiert sie sich nach mehreren Umbauten heute im barocken Gewand. Beachtenswert im Innenraum ist eine prachtvolle *Kassettendecke* aus dem 17. Jh., auf deren Feldern der Maler *Marco Capogrosso* Stationen aus dem Leben des Kirchenpatrons festgehalten hat. Die Klosterbibliothek birgt u.a. das *Šibeniker Gebet* aus dem 14. Jh., die älteste Handschrift kroatischer Sprache in lateinischer Schrift.

Von der Uferpromenade gelangt man über das **Seetor** ❷ (Morska vrata) in das historische Zentrum von Šibenik. Eine breit geschwungene Freitreppe führt hinauf zum *Trg Republike Hrvatske* (Platz der Republik Kroatien) und eröffnet einen großartigen Blick auf die **TOP TIPP** **Katedrala Sveti Jakov** ❸. Mit seiner weißen Kuppel ragt der vollständig aus Marmor der Insel Brač errichtete Monumentalbau aus dem Häusergewirr der Altstadt empor. 1432 begonnen und erst 1555 fertig gestellt, vereinigt er Stilelemente der Gotik und Renaissance und ist eine der bedeutendsten Kirchen dieser Epoche in Dalmatien. Das **Löwenportal** an der östlichen Längsseite ist der älteste Teil des Gotteshauses und stammt von einer Vorgängerkirche. Den ersten Bauabschnitt leitete der venezianische Architekt *Bonino da Milano*, der das prachtvoll verzierte **Hauptportal** mit Darstellungen der Apostel und des Jüngsten Gerichts schuf. Wesentliche Teile wurden dann jedoch ab 1441 unter dem aus Zadar stammenden Baumeister *Juraj Dalmatinac* errichtet. Nach seinem Tod 1473 führte dessen Schüler *Nikola Fiorentinac* (Niccolo Fiorentino) den Bau im Stil der Frührenaissance fort. Er vollendete die Dachkonstruktion, die Tonnengewölbe des Mittelschiffes und der Seitenschiffe sowie Apsiden und Kuppel, die allesamt aus ineinander greifenden Steinplatten bestehen und ohne Mörtelverbund frei tragen. Eine für die damalige Zeit einzigartige Leistung! Um die *Chorapsiden* zieht sich im unteren Bereich ein **Porträtfries** mit 71 individuell gestalteten, teilweise fratzenhaft übersteigerten Köpfen und Gesichtern, die das bildhaueri-

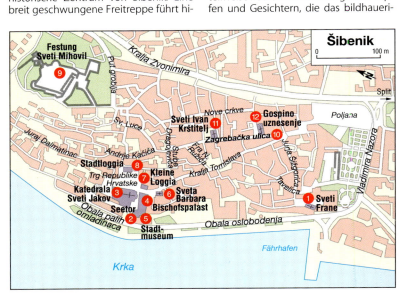

16 Šibenik

Stilgemisch – während im Untergeschoss der Kathedrale von Šibenik die Spätgotik dominiert, setzte sich im Obergeschoss die Renaissance durch **(oben)**. *Ein bewegtes Leben – die Kassettendecke von Sveti Frane zeigt Szenen aus dem Leben des hl. Franziskus* **(unten)**

sche Können Dalmatinacs dokumentieren. Dargestellt hat der Meister Zeitgenossen und Bürger Šibeniks: Fischer und Bauern, Gemeine und Edelleute, die allesamt – so sagt man – zu knauserig waren, um ihr Scherflein zum Bau der Kirche beizutragen.

Das **Innere** der Kathedrale wirkt düster, aber ein hoch aufstrebendes Mittelschiff und die mächtige, 32 m hohe Kuppel verleihen ihr eine erhabene Atmosphäre. Die Seitenschiffe sind in je sechs Seitenkapellen unterteilt, von denen die erste rechts das 1456 von Dalmatinac entworfene Grabmal des in Šibenik geborenen Humanisten *Juraj Šižgorić* birgt. In der südlichen Apsis steigt man rechts hinunter in das 1452 ebenfalls von Dalmatinac geschaffene **Baptisterium** (April–Sept. tgl. 8–20 Uhr). Dieser ebenso kunstvoll wie harmonisch gestaltete kleine Raum mit symmetrischen Apsiden und

Šibenik

Strafe muss sein! Bildhauer Dalmatinac stellte in seinem berühmten Porträtfries Einwohner Šibeniks dar, die zu geizig waren, sich an den Baukosten für die Kathedrale zu beteiligen

reich verziertem Gewölbe ist ein wahres Juwel der Renaissance. Das runde Taufbecken in der Mitte (1452) wird von drei Engeln getragen.

Südlich der Kathedrale und nur durch einen engen Durchgang von ihr getrennt, steht der 1441 errichtete **Bischofspalast** ❹ (Biskupska palača), ebenfalls ein Stilgemisch mit spätgotischem Portikus und einem Renaissanceportal. Der benachbarte, bereits im 14. Jh. begonnene, jedoch erst im 16. Jh. fertig gestellte *Rektorenpalast* wurde außerhalb des Seetors erbaut. Hier ist heute das **Stadtmuseum** ❺ (Gradski muzej, Juli/Aug. tgl. 10–13 und 20–22, Juni/Sept. 10–13 und 19–21, sonst 10–13 und 17–20 Uhr) untergebracht, das Funde aus der Umgebung von illyrischer Zeit bis zur Gegenwart in verschiedenen historischen und ethno-

Ein hübscher Reigen von Licht und Schatten – die Fassade der Stadtloggia aus dem 16. Jh. fasziniert durch eine schöne Arkadenreihe im Untergeschoss

Juraj Dalmatinac – kroatischer Baumeister zwischen Gotik und Renaissance

Der Anfang des 15. Jh. in Zadar geborene und 1473 in Šibenik verstorbene Baumeister Juraj Dalmatinac erlernte sein Handwerk in Venedig. 1441 als Bauleiter der Kathedrale Sveti Jakov nach **Šibenik** gerufen, brachte er aus Italien den Renaissancestil mit, den er zunächst allerdings noch mit gotischen Elementen vermischte. Im Gegensatz zu seinen italienischen Lehrmeistern arbeitete er jedoch nicht mit Ziegeln und Holz, sondern errichtete die Šibeniker Kathedrale und die meisten seiner übrigen Werke ausschließlich aus Stein – dem berühmten weißen Marmor der **Insel Brač** [s. S. 77]. Dass er als großer Baumeister zugleich ein genialer **Bildhauer** war, zeigt unter anderem der Skulpturenfries von Sveti Jakov.

Dalmatinac, der bekannteste kroatische Künstler zwischen Gotik und Renaissance, war äußerst vielseitig. Er arbeitete in zahlreichen Städten entlang der dalmatinischen Küste – oft an mehreren Bauhütten zugleich – und schuf nicht nur Kirchen und Kleinplastiken von überraschend realistischer Schönheit, sondern auch **Befestigungsanlagen** sowie ganze **Städte**. Zu seinen Meisterwerken zählen neben Sveti Jakov in Šibenik die komplett am Reißbrett entstandene Stadt Pag auf der Insel Pag und die Festungsanlagen von Dubrovnik [s. S. 109].

---

graphischen Abteilungen präsentiert. Zum Stadtmuseum gehört auch die *Ausstellung sakraler Kunst* in der kleinen 1457–61 erbauten gotischen Kirche **Sveta Barbara** ❻ (Kralja Tomislava 19) mit barockem Glockenturm. Hinter der schmucken Fassade werden sehr schöne spätgotische Altäre gezeigt. An der Ecke zum *Trg Republike Hrvatske* steht ein Renaissancebau: die **Kleine Loggia** ❼ (Mala loža), in der einst Gerichtsverhandlungen stattfanden. Über den Platz hinweg blickt man auf die zweigschossige, 1533–42 errichtete **Stadtloggia** ❽ (Gradska loža), den einstigen Sitz der Stadtregierung und das heutige Rathaus von Šibenik. Im Zweiten Weltkrieg stark zerstört und danach originalgetreu wieder aufgebaut, besitzt die schöne Fassade im unteren Geschoss einen neunbogigen Arkadengang, im oberen Geschoss eine heute verglaste Galerie. Links neben der Stadtloggia führt eine steile Treppe den Hügel hinauf. Durch das Labyrinth der Gassen erreicht man die imposante **Festung Sveti Mihovil** ❾. Sie wurde um 1000 errichtet und ist die älteste von insgesamt vier Burganlagen Šibeniks. Von oben bietet sich ein wahrhaft begeisternder Blick. Wie aus einem Adlerhorst schaut man hinab auf das Gewirr der Gassen und Höfe und auf die roten Ziegeldächer, hinter denen die Kuppel der Kathedrale emporragt.

Auf dem Rückweg kann man in südlicher Richtung durch die **Zagrebačka ulica** ❿ schlendern, die direkt in das älteste Viertel von Šibenik führt. Linker Hand erhebt sich über einer breiten Freitreppe zunächst die Mitte des 15. Jh. entstandene Kirche **Sveti Ivan Krštitelj** ⓫ (St. Johannes der Täufer) mit einer prachtvollen Fassade. Nur wenige Schritte weiter folgt die Kirche **Gospino uznesenje** ⓬ (Mariä Himmelfahrt, serb. Vaznesenija Bogorodice) von 1390, die einst zum Kloster der Benediktinerinnen gehörte, im 16. Jh. aber in eine orthodoxe Kirche mit sehenswerter Ikonostase umgewandelt wurde. Ihr *Glockenturm* aus dem 16. Jh. gilt als einer der schönsten an der kroatischen Küste.

Über sich hinauswachsen – die Häuser der Altstadt gehen bis zur Festung Sveti Mihovil

Šibenik

Im Nationalpark Krka feiert die Natur tagein tagaus ein rauschendes Fest – über ganze 17 Katarakte donnert der Fluss insgesamt 46 m in die Tiefe

Praktische Hinweise

Information

TZG Šibenik (Stadtinformation), Fausta Vrančića 18, Šibenik, Tel. 022/21 20 75, Fax 022/21 90 73, www.sibenik-tourism.hr

TZŽ Šibenske (Region Šibenik), Fra Nicole Ručića b.b., Šibenik Tel. 022/21 90 72, Fax 022/21 23 46, www.summernet.hr/county-sibenik-knin

Hotels

***Jadran**, Obala Dr. Franje Tuđmana 54, Šibenik, Tel. 022/21 26 44, Fax 022/21 24 80, www. rivijera.hr. Das einzige Hotel der Innenstadt ist ein schlichter Betonbau nahe dem Rektorenpalast.

***Solaris**, Hotelsko naselje Solaris b.b., Šibenik, Tel. 022/36 40 00, Fax 022/36 18 00, www.solaris.hr. Großzügige Ferienanlage mit drei Hotels, Apartments, Campingplatz und Marina, 6 km außerhalb an der Südspitze der Halbinsel Zablaće mit Swimmingpool und Felsstrand.

Restaurants

Barun, Podsolarsko 24, Šibenik, Tel. 022/35 06 66. Großes, aber gemütliches Restaurant der Ferienanlage Solaris. Die Speisekarte reicht von internationaler Küche über dalmatinische Fisch- und Muschelgerichte bis zu Grillspezialitäten.

Café No 4, Trg Dina Zavorovića 4, Šibenik, Tel. 022/21 75 17. Nettes Lokal im Zentrum mit kleinen Gerichten, Steaks und Jazzmusik.

Zlatna Ribica, K. Spužvara 46, Brodarica, Tel. 022/35 03 00. Das 6 km südlich von Šibenik gegenüber der Insel Krapanj gelegene Restaurant ist für seinen Brudet (dalmatinischer Fischeintopf) bekannt. Es gibt auch einige Gästezimmer.

Nationalpark Krka
Nacionalni park Krka

Der schönste Travertin-Wasserfall Europas und ein beliebtes Ausflugsdorf.

Karg und steinig präsentiert sich das Hügelland hinter Šibenik. Selten nur ermöglicht das kurvige Landsträßchen 11–2 Richtung *Drniš* einen Blick auf das grüne Wasser der Krka, das aus dem Kalkgrau der Schlucht heraufleuchtet. Umso stärker ist der Kontrast, wenn man bei *Lozovac* abzweigt und in den **Krka Nationalpark** hinunterfährt.

Vom Busparkplatz führt ein kurzer Weg zu den oberen Stufen an der Südseite des **Skradinski buk**, der als der schönste Travertin-Wasserfall Europas gilt. In 17 Katarakten donnert die

17 Nationalpark Krka

Krka insgesamt 46 m in die Tiefe. Stellenweise auf einer Breite von über 100 m tosen gewaltige Wassermassen in schillernd grüne Travertinbecken.

In einer Mühle beim *obersten Katarakt* wurde ein kleines, aber sehr sehenswertes **Museum** (tgl. 8–18 Uhr) eingerichtet. In einem Felsenraum rauscht das Wasser in ein rundes Steinbecken: eine traditionelle ›Waschmaschine‹, die schon seit Jahrhunderten läuft. Man wirft die schmutzige Kleidung einfach hinein und lässt sie von der Strömung herumwirbeln, bis sie sauber ist.

Vom Museum aus kann man auf verschlungenen Pfaden und Bohlenstegen oberhalb der Fälle den gesamten Wasserlauf überqueren und gelangt zu *Aussichtspunkten* direkt am Rande des Abgrunds. Vielfältig verästelt durchströmt die Krka ein dschungelhaftes Dickicht aus Bäumen, Sträuchern und wuchernden Stauden. An der Nordseite steigt man hinab zu den *unteren Fällen*, hinter denen die Wassermassen wieder zu einem breiten Fluss gebündelt sind. Auf der Holzbrücke, die ihn überspannt, steht man unmittelbar vor dem schäumenden Katarakt und erlebt ihn aus einer wahrhaft atemberaubenden Perspektive.

Oberhalb der Skradin-Wasserfälle haben die Travertinbarrieren den Fluss zum 12 km langen See **Jezera Visovac** aufgestaut, der sich zwischen Felsen und Geröllhängen erstreckt. Auf einer kleinen *Insel* in seinem nördlichen Teil haben Mönche 1445 ein **Franziskanerkloster** errichtet. In seiner Bibliothek findet man u. a. eine Ausgabe von *Äsops Fabeln* aus dem Jahr 1487, altkroatische Bücher und handkolorierte Manuskripte. Zu erreichen ist das Kloster vom Schiffsanleger nahe dem Busparkplatz. Die kleinen Boote der Parkverwaltung nehmen mehrmals täglich (10.30, 12.30 und 14.30 Uhr) Kurs auf die Abtei und den 15 m hohen Wasserfall **Roški Slap**.

Keinesfalls versäumen sollte man einen Abstecher zum beliebten Ausflugsort **Skradin** (700 Einw.). Man erreicht das malerische, unterhalb der Wasserfälle gelegene Städtchen von Šibenik aus mit dem Boot oder auf der kleinen Straße, die von der Zufahrt zum Nationalpark kurz hinter *Lozovac* links abzweigt. Die Strecke hinab ins Tal der Krka bietet einen geradezu märchenhaften Blick auf Skradin: Vor der Kulisse weißer Felsen und grüner Hänge schmiegt es sich an das Schilfufer des **Prokljansko jezero** und leuchtet mit roten Ziegeldächern aus all den Grüntönen hervor.

Die erste fast automatische Waschmaschine der Welt steht im Krka Nationalpark

Idyllisches Klostereiland – auf einer Insel in dem von Felsen gerahmten See Jezera Visovac erhebt sich ein Franziskanerkloster

Praktische Hinweise

Information

Krka-Nationalparkverwaltung, Trg Ivana Pavla II br. 5, Šibenik, Tel. 022/21 77 20, Fax 022/33 68 36, www.npkrka.hr

17 Nationalpark Krka

Das malerische Hafenstädtchen Skradin ist eingebettet in eine grüne, fruchtbare Landschaft

TZO Skradin, Obala bana Subica 1, Skradin, Tel. 022/77 13 06

Hotel
***Skradinski Buk**, Tel. 022/710 42. Modernes Hotel in idyllischer Lage zwischen Waldhängen und dem Prokljansko jezero.

Restaurants
Konda Prstaci, Tel. 022/77 13 12. Das gemütliche Lokal mit schattiger Terrasse ist auf Fisch und Meeresfrüchte spezialisiert und bietet eine ausgezeichnete Küche.

Konda Zlatnje Školjke, Tel. 022/77 10 22. Das traditionelle Restaurant im dalmatinischen Stil mit viel Holz (2 km von den Fällen entfernt) serviert frische Krka-Forellen, Aale und Muschelgerichte.

18 Archipel von Šibenik *Plan Seite 28*

Ruhige Ferienidylle mit Korallenmuseum und Schwammtauchern.

Eine Gruppe von etwa 250 kleineren und größeren Inseln liegt – wie ins Meer gestreut – jenseits des *Šibenski kanal*. Noch ist die touristische Infrastruktur der Eilande bescheiden, das Leben verläuft ruhig und bietet Erholung abseits des Trubels. Die kleineren Inseln sind zumeist unbewohnt, die größeren werden von Šibenik und Vodice aus angefahren.

Privić

In Küstennähe südlich von Vodice liegt das fruchtbare Inselchen Privić (2,4 km^2), in dessen zwei Ortschaften zusammen gerade einmal 550 Menschen leben. Das größere der beiden Dörfer, **Šepurine** an der Westküste, ist von hübschen Kalkquaderhäusern geprägt. Etwas außerhalb lädt das 1620 errichtete Kirchlein **Sveti Roc** (St. Rochus) mit einem reich verzierten Barockaltar zu einer Besichtigung ein. Das noch kleinere **Privić Luka** erstreckt sich an der tief eingeschnittenen Bucht im Süden der Insel und bietet mehrere Bademöglichkeiten.

Zlarin

Das wegen seiner landschaftlichen Schönheit bereits zur Römerzeit als ›Insula auri‹ (Goldene Insel) gerühmte Zlarin (8 km^2) ist ein subtropisches Paradies mit Palmen, Feigenbäumen und Tamarisken. Natursteinhäuser säumen die Promenade des einzigen Inselortes, darunter stolze Residenzen aus dem 17. und 18. Jh. Bekannt ist Zlarin für seine Korallen- und Schwammtaucher, an die das kleine **Korallenmuseum** (Muzej koralja, im Sommer tgl. 8–21 Uhr) mit Korallen, Korallenschmuck und Fotografien erinnert. Nach Korallen wird heute kaum noch getaucht, die *Schwammtaucherei* dagegen ist nach wie vor hier anzutreffen. Gute Bademöglichkeiten gibt es an den nahe der Ortschaft gelegenen Sandstränden und in einer kleinen Bucht im Südosten der Insel.

Krapanj

Die nur 300 m vom Festland auf der Höhe von *Brodarica* gelegene Insel Krapanj (0,36 km^2) ist das kleinste der bewohnten Eilande Kroatiens. Die einzige Inselortschaft Krapanj besteht aus malerischen Kalkquaderhäusern, die rund 2500 Einwohner leben zum Großteil von der Schwammtaucherei und -verarbeitung. Das im Kiefernwald nördlich des Städtchens gelegene **Franziskanerkloster** aus dem 15. Jh. birgt ein *Museum der Unterwasserwelt und Schwammtaucherei* (tgl. 10–12 und 17–19 Uhr), in dem man sich über die Meeresflora und -fauna der Adria informieren kann.

Kaprije

Die autofreie Insel Kaprije (7 km^2, 130 Einw.), im mittleren Bereich des Archipels gelegen, hat eine besonders buchtenreiche Küste, an der mehrere Strände (teils Kies, teils Felsplatten) zum Baden einladen. Mit dem Boot kann man sich an die Badereviere der unbewohnten Insel **Kakan** hinüberfahren lassen.

Žirje

Das größte Eiland des Archipels, Žirje (15,4 km^2, 160 Einw.), liegt am südwestlichen Rand der Inselgruppe weit vor der dalmatinischen Küste und wird erst allmählich von den Urlaubern entdeckt. Die schönsten Badereviere findet man an der *Vela-* und der *Mala-Stupica-Bucht* im Südosten. Unmittelbar hinter den Buchten erheben sich Hügel, auf denen die Ruinen byzantinischer Festungen aus dem 6. Jh. besichtigt werden können. Sie gehörten einst zu dem von Kaiser *Justinian* errichteten Verteidigungssystem und sicherten die strategisch wichtige Zufahrt in den Archipel.

Praktische Hinweise

Information
TZO Zlarin, Sunčana obala 14, Zlarin, Tel. 022/55 35 57

Hotel
**Koralj, Obala boraca 15, Zlarin, Tel./Fax 022/55 36 21. Kleines, am Wasser gelegenes Hotel im Zentrum von Zlarin.

19 Primošten

Malerisches Inselstädtchen mit weltberühmten Weinbergen auf dem gegenüber liegenden Festland.

Rund um die an der höchsten Stelle errichtete Kirche drängen sich die Bruchsteinhäuser, die das ganze, nur durch einen schmalen Damm mit dem Festland

Bescheidener Fischerort – wer idyllische Urlaubstage genießen möchte, ist in Šepurine auf Privić genau richtig

19 Primošten

Der Baugrund ist inzwischen etwas knapp geworden – auf der Halbinsel Primošten ist fast jeder Quadratmeter mit Bruchsteinhäusern bedeckt

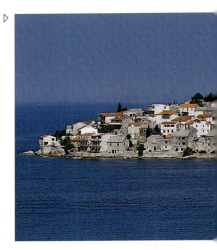

verbundene Inselchen bedecken. Als einer der malerischsten Orte der dalmatinischen Küste ist Primošten ein Paradebeispiel für jene kleinen Städtchen, die keine namhaften Sehenswürdigkeiten besitzen und doch durch und durch selbst eine sind.

Gegründet wurde die Ansiedlung im frühen 16. Jh. von Bewohnern der nahen Küstenregion, die Schutz vor den Türken suchten und die **Felsinsel** mit Mauern und Türmen befestigten. Als die Bedrohung vorüber war, ließ man die Befestigungsanlagen verfallen und verband Primošten durch einen Damm mit dem Festland. Knapp 500 Jahre später erreichte eine neue Invasion Dalmatien: die der sonnenhungrigen Mitteleuropäer. Die Burgen, die nun entlang der Küste entstanden, waren Hotelburgen. Dass Primošten es trotzdem geschafft hat, die Atmosphäre eines **Fischerdorfes** zu bewahren, verdankt es seiner Insellage, die keinen Platz für eine ausgeprägte touristische Infrastruktur ließ. Da sich die Hotelanlagen und Campingplätze auf das nahe Festland konzentrieren, sieht das Städtchen – trotz einiger moderner Bausünden – noch immer fast so aus wie vor 100 Jahren: eine malerische Ansammlung alter, teilweise noch mit Steinplatten gedeckter Häuser.

Die Weinberge von Primošten

Auf dem Festland nahe dem kleinen Eiland erstrecken sich die malerischen Weinberge von Primošten. Zu Mauern aufgeschichtete Kalksteine, aus deren blendendem Weiß das frische Grün der Reben leuchtet, bilden ein **graphisches Gitternetz** aus Tausenden winziger Karrees, das ganze Hänge bedeckt. Jedes dieser kleinen Gärtchen ist gerade groß genug für eine Hand voll knorriger Reben. Die dekorativen **Steinwälle** bieten nicht nur einen faszinierenden Anblick, sondern erfüllen zugleich eine ganze Reihe nützlicher Funktionen: Sie halten den kalten Wind ab, reflektieren die Sonnenstrahlen auf die Reben und speichern die Wärme. An den Hängen von Primošten gedeiht der **Babić**, ein trockener Rotwein von leuchtender Farbe und vollmundigem Geschmack, der aus einer autochthonen Rebsorte gewonnen wird. Und mitten im kunstvollen Gittermuster entdeckt man immer wieder jene kleinen, kreisrunden **Steinhäuschen** mit einem Dach aus kunstvoll aufgeschichteten Kalkplatten, die seit Jahrhunderten als Geräteschuppen und als Liebeslauben für junge Paare dienen.

Praktische Hinweise

Information
TZO, Trg biskupa Arnerica 2, Primošten, Tel./Fax 022/57 11 11

Hotel
***Zora**, Velika Raduča 66, Primošten, Tel. 022/58 11 11, Fax 022/57 00 48. Riesiges Ferienhotel auf der Halbinsel Raduča mit Kiesstrand an der Nord- und Felsstrand an der Südseite. Alle Zimmer bieten Meeresblick.

Camping
Adriatic, Bana J. Jelačića 17, Primošten, Tel. 022/58 10 10, 022/Fax 57 03 17. In einem Pinienwald auf der Halbinsel Punta Maslin gelegener Campingplatz mit langem Felsstrand und einer kleinen Kiesbucht.

Restaurants
Dalmacija, Put Murve 15, Primošten, Tel. 022/57 00 09. Gemütliche Taverne im

20 Rogoznica

dalmatinischen Stil mit einer großen Auswahl an guten Fisch- und Fleischgerichten.
Kremnik, Marina, Primošten, Tel. 022/57 00 68. Weithin bekanntes Restaurant der Marina mit Fisch- und Fleischgerichten, Terrasse am Meer und Blick auf die Weinberge.

20 Rogoznica

Ruhige Zwillingsschwester von Primošten.

Die in der tiefen *Rogoznica-Bucht* gelegene gleichnamige Ortschaft (800 Einw.) ist so etwas wie die weniger bekannte Zwillingsschwester von Primošten. Wie auch das 8 km nördlich gelegene Städtchen wurde Rogoznica während der osmanischen Eroberungen Anfang des 16. Jh. auf einer kleinen Insel gegründet und später durch einen Damm mit dem Festland verbunden. Das abseits der Adria-Magistrale liegende Rogoznica ist nur über eine Stichstraße zu erreichen und wurde erst in jüngster Zeit vom Tourismus entdeckt. In geschützter Lage, umgeben von Pinienwäldern, bietet der Ort eine schmucke Promenade und schöne **Strände**. Man übernachtet bei Fischern in Privatpensionen und genießt die Ruhe.

Praktische Hinweise

Information
TZO Rogoznica, Obala kneza Domagoja b.b., Rogoznica, Tel. 022/55 92 53

Hotel
TOP TIPP ****Kaštil**, Marina, Tel. 021/88 90 73, Fax 021/88 91 25. In der zwischen Rogoznica und Trogir gelegenen kleinen Ortschaft Marina erhebt sich ein trutziger Festungsturm aus dem Wasser. Als Schutzburg gegen die Osmanen um 1500 errichtet, wurde der Turm in ein außergewöhnliches Hotel umgewandelt. Auf der idyllischen Terrasse kann man dem Meeresrauschen lauschen und traditionelle Fischgerichte genießen (nur Mai–Sept. geöffnet).

Hochburg des Tourismus – der mittelalterliche Festungsturm in Marina wurde zum Hotel Kaštil umgebaut

21 Trogir

Die Altstadt versetzt einen in das Mittelalter zurück.

Mittelalterliche Stadtbilder an der Küste Dalmatiens sind eher die Regel als die Ausnahme. Und doch ist Trogir etwas ganz Besonderes, denn nur wenige Städte haben einen so malerischen historischen Kern und besitzen einen solchen eigenartigen Zauber wie diese kompakte Inselzitadelle.

Geschichte In griechischer Zeit gegründet, entwickelte sich **Tragurion** (›Ziegeninsel‹ oder ›Ort am Ziegenberg‹) unter den Römern zu einem blühenden Handelshafen, bis das nahe gelegene *Salona* zur Provinzhauptstadt avancierte und den Nachbarort in den Schatten stellte. Unter kroatischer Herrschaft erlangte die Inselfeste ihre alte Bedeutung zurück, wurde **Bischofssitz** und erhielt 1107 von *König Koloman* das Stadtrecht. 1123 fielen die Sarazenen über Trogir her und ließen keinen Stein auf dem anderen, aber in kürzester Zeit war die Stadt wieder aufgebaut. Im 13. Jh. begann die rege Bautätigkeit, die auch 1242 durch den Ansturm der Tataren und 1420, als ganz Dalmatien an **Venedig** fiel, nicht unterbrochen wurde. Wiederholte Angriffe der **Osmanen** bereiteten der Blütezeit Trogirs schließlich ein Ende. Die prachtvollen Bauten aus dem 13. bis 16. Jh. sind bis heute erhalten geblieben – wohl deshalb, weil Trogir unter österreichischer (ab 1719) und napoleonischer Herrschaft (1806–1814) ein kümmerliches Provinzdasein fristete.

Vom Landtor zur Kathedrale

Durchschreitet man vom Markt her das **Landtor** ❶ (Kopnena vrata), so gelangt man in eine andere Welt. Die gesamte **Altstadt** – 1997 von der UNESCO zum Weltkulturerbe erklärt – ist ein wahres Museum der Architektur- und der Bildhauerkunst, ein dicht gedrängter Reigen von Kirchen und Palästen, Gassen und Innenhöfen, Torbögen und Treppen. Wie in einer Zeitmaschine wird man um Jahrhunderte zurückversetzt. Nur die Nord-Südachse des Zentrums heißt neuerdings Ulica Kohl-Genschera, aus Anerkennung dafür, dass der Altbundeskanzler und sein Außenminister die Unabhängigkeit Kroatiens so tatkräftig unterstützt haben.

Durch eben diese **Ulica Kohl-Genschera** ❷ erreicht man den *Trg Ivan Pavla II* (Johannes-Paul-II.-Platz), der vom architektonischen Glanzstück der Stadt dominiert wird, der **Katedrala Sveti Lovro** ❸ (St. Laurentius, Sommer tgl. 9–19, sonst 9–12 und 14–16 Uhr). An dem gewaltigen Bauwerk wurde fast fünf Jahrhunderte gewerkelt, von der Grundsteinlegung 1123 bis zur Fertigstel-

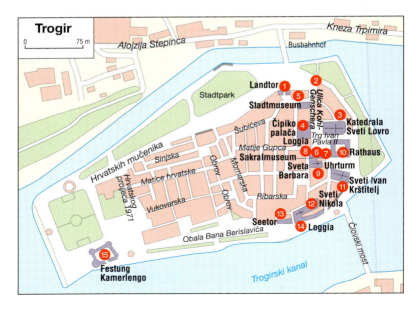

64

21 Trogir

Über den Dächern von Trogir – vom Domturm bietet sich der schönste Blick auf den Uhrturm und das Häusergewirr der Altstadt

lung des Kirchturms 1610. Der elegante *Campanile* dokumentiert die zeitliche Abfolge von der Romanik bis zur Renaissance wie ein geologisches Schichtprofil: Romanisch präsentiert sich der Unterbau, frühgotisch das 1422 fertig gestellte erste Obergeschoss, im ornamentreichen Stil der venezianischen Gotik mit feinem Maßwerk das zweite Obergeschoss und im späten Renaissancestil das dritte, das 1610 vollendet wurde. Zu den ältesten Teilen der Kathedrale gehört das unter einer mächtigen Vorhalle verborgene **Westportal** von 1240. Der reiche Figurenschmuck zeigt das ganze Können des kroatischen Meisters *Radovan*: Auf den Rücken zweier Löwen flankieren Adam und Eva den Haupteingang, in den Bogenläufen finden sich Darstellungen aus dem Alten und Neuen Testament,

65

21 Trogir

Die Unvollendete – die Katedrala Sveti Lovro von Trogir besitzt nur einen Turm, der aber besonders schön gelungen ist

aber auch Szenen aus dem Leben von Bauern und Handwerkern. Auf der linken Schmalseite der Vorhalle öffnet sich die 1467 von *Andrija Aleši* geschaffene **Taufkapelle**. Das Relief über dem Eingang zeigt die Taufe Christi im Jordan. Den reich durch Nischen und Pilaster geglie-

Aushängeschild – in diesem repräsentativen Palast aus dem 15. Jh. ist heute das Rathaus von Trogir untergebracht

derten Raum überspannt eine Kassettendecke. Das **Innere** der Kathedrale wird durch zwei Reihen aus je vier Pfeilern in drei Schiffe geteilt. Von den reichen Kunstschätzen verdienen besonders die achteckige Steinkanzel aus dem 13. Jh. und das 1439 von *Ivan Budsislavljić* geschnitzte Chorgestühl Erwähnung. Vom nördlichen Seitenschiff öffnet sich ein kostbares Kleinod, die 1468–97 unter der Bauleitung von *Nikola Fiorentinac* angebaute, dem ersten Bischof Trogirs geweihte Kapelle **Sveti Ivan Ursini**. Dieses harmonische Gesamtkunstwerk der Architektur und Bildhauerei gilt als das bedeutendste Renaissance-Gebäude in Dalmatien. Bischof Ursini (1066–1111) ruht in einem von Engeln flankierten Sarkophag. Von den lebensgroßen Statuen der Apostel in den Nischen schuf *Ivan Duknović*, einer der besten Bildhauer Dalmatiens, die des Thomas und Johannes des Täufers.

Rund um den Trg Ivan Pavla II

Neben der Kathedrale machen weitere prachtvolle Bauten den Hauptplatz von Trogir zu einem der schönsten Architekturensembles Dalmatiens. An der Westseite erhebt sich der **Čipiko palača** ❹ aus dem 15. Jh., ein repräsentatives Patrizierhaus im Übergang von der Gotik zur Renaissance mit auffälligen spitzbogigen Drillingsfenstern über dem Portal. Von hier sind es nur wenige Schritte in nördlicher Richtung zum *Palais Garagnin*, einem Barockbau aus dem 18. Jh., in dem heute das **Stadtmuseum** ❺ (Muzej grada, Gradska vrata 4, tgl. 8–12 und 16–20 Uhr) untergebracht ist. Gezeigt werden u.a. Skulpturen von *Nikola Fiorentinac* und *Ivan Duknović*. Das **Sakralmuseum** ❻ (Sommer tgl. 8–19 Uhr), das die gesammelten Schätze der Kirche Sv. Ivan Krštilelj, darunter das besonders wertvolle *Trogirer Evangelium* aus dem 13. Jh., präsentiert, befindet sich an der Südseite des Platzes. Diese wird von dem im 15. Jh. errichteten gedrungenen **Uhrturm** ❼ (Kula sa satom) dominiert. Über dem Eingang erinnern die von Fiorentinac geschaffenen Statuen Christi und des hl. Sebastian daran, dass hier einst die Kirche St. Sebastian untergebracht war. Direkt daneben wurde – ebenfalls im 15. Jh. – die **Loggia** ❽ (Loža) angebaut, die im ausgehenden Mittelalter als Gerichtsstätte diente. Der steinerne Richtertisch im Inneren und die Reliefs der Justitia (Nikola Fiorentinac, 1471) stammen noch aus der

Liebe zum Detail – der kroatische Meister Radovan durfte beim Westportal der Katedrala Sveti Lovro sein ganzes bildhauerisches Können zeigen

Entstehungszeit. Hinter der Loggia verbirgt sich die kleine altkroatische Kirche **Sveta Barbara** 9, die als ältestes Gotteshaus der Stadt aus dem 11. Jh. stammt und unter Verwendung antiker Säulen errichtet wurde. Nach Osten schließt das **Rathaus** 10 den Trg Ivan Pavla II ab. Im früheren *Rektorenpalast*, einem repräsentativen Bau aus dem 15. Jh., hatte einst der venezianische Statthalter seinen Sitz.

An der Uferpromenade

Vorbei am Rathaus gelangt man zur Kirche **Sveti Ivan Krštitelj** 11 aus dem 13. Jh. und weiter zum 1064 gegründeten Benediktinerinnenkloster **Sveti Nikola** 12 mit blühendem Innenhof und einer reichen Kunstsammlung (tgl. 10.30–12 und 16–19 Uhr). Berühmtestes Stück ist ein griechisches Marmorrelief des Gottes *Kairos*, das ein unbekannter Künstler im 1. Jh. v. Chr. geschaffen hat. Der Gott des glücklichen Augenblicks ist als Jüngling dargestellt – mit üppiger Stirnlocke, damit man ihn, den stets rasch Vorübereilenden, auf sprichwörtliche Weise ›am Schopfe packen‹ kann.

Direkt neben dem **Seetor** 13 (Morska vrata) drängt sich eine schmucke kleine **Loggia** 14 an die Außenseite der Stadtmauer, erbaut im 16. Jh., um Reisenden, die Trogir erst nach dem abendlichen Schließen der Stadttore erreichten, Obdach zu bieten. Heute dient der Bau in

21 Trogir

Alles frisch – auf dem Wochenmarkt von Trogir wird Obst und Gemüse aus dem fruchtbaren Umland angeboten

den Vormittagsstunden als Fischmarkt. Die Uferpromenade führt in westlicher Richtung zu der am Rand der Altstadt gelegenen imposanten **Festung Kamerlengo** ⓯ (Tvrdjava Kamerlengo, Sommer tgl. 9–20 Uhr). Der Innenhof der im 15. Jh. errichteten venezianischen Burganlage, die einen älteren Turm von 1380 integriert, ist heute in den Sommermonaten malerische Kulisse für Konzerte und Theateraufführungen.

Ausflug nach Čiovo

Den schönsten Blick auf das historische Zentrum bietet die Insel **Čiovo**, die man über eine Klappbrücke im Südosten der Altstadt erreicht. Nur von dort kann man das Panorama in ganzer Pracht erfassen: Im stillen Hafenwasser liegen bunte Fischerboote vor der Palmenallee, dahinter erheben sich die Stadtmauern und Festungstürme, das Gewirr der Ziegeldächer und die Vielfalt filigraner Kirchtürme. Die 15 km lange und bis zu 3,5 km breite Insel ist ein beliebtes Ausflugsziel für die Bewohner von Split und Trogir.

ℹ Praktische Hinweise

Information
TZG, Trg Ivana Pavla II. 1, Trogir, Tel./Fax 021/88 14 12, www.dalmacija.net/trogir.htm

Hotels
*****Medena**, Hrv. žvarta 187, Seget Donji, Tel. 021/88 05 88, Fax 021/88 00 19, www.hotelmedena.com. 3 km westlich von Trogir an der Küste gelegene riesige Hotelanlage mit angeschlossener Ferienhaussiedlung. Der Komplex bietet einen eigenen Kies- und Felsstrand mit FKK-Abschnitt sowie ein umfangreiches Sportangebot.

* **Hotel Concordia**, Obola bana Berislavića 22, Trogir, Tel. 021/88 54 00, Fax 021/88 54 01, www.tel.hr/concordia-hotel. Kleines, einfaches Hotel in Natursteinbau direkt an der Hafenpromenade.

Restaurants
Alka, Ul. A. Kažotića 15, Trogir, Tel. 021/88 18 56. Das gediegene Restaurant in Nähe des Dominikanerklosters gilt als das beste der Stadt und bietet neben köstlichen Fisch- und Fleischgerichten auch Pizzas.

Monika, Buduslavićeva 12, Trogir, Tel. 021/88 48 08. Kleines Restaurant mit schattigem Innenhof um einen Brunnen, das Fisch- und Fleischgerichte serviert.

Landgang – der Jachthafen von Trogir mit der palmengesäumten Uferpromenade

22 Kaštela

Stadt der sieben Kastelle.

»Die Türken kommen!« – vor diesem Schreckensruf flohen Feudalherren im 15. und 16. Jh. aus Split und Trogir und errichteten an der Küste eine Kette trutziger Festungen. Von 13 Burgen blieben sieben erhalten. Sie bildeten den Ursprung für kleine Orte, die zur Stadt Kaštela (32 000 Einw.) zusammengefasst wurden.

Wer von Trogir auf der Adria-Magistrale Richtung Süden durch die ausfransenden Industriegebiete von Split fährt, ahnt nicht, welche Idylle sich hinter den

22 Kaštela

Fabrikschloten verbirgt: Bilderbuchburgen und winzige Kirchlein, Natursteinhäuser, Palmenpromenaden und lauschige Häfen. Der Abstecher lohnt sich! Man sollte für die Strecke zwischen Trogir und Split die alte Küstenstraße wählen, die Kaštela passiert und auch ›Straße der Kastelle‹ genannt wird. Alle sieben Orte sind auch bequem mit Linienbussen von Split und Trogir aus zu erreichen.

Kaštel Štafilić, die westlichste Ortschaft von Kaštela, verdankt ihren Namen *Stjepan Stafileo* von Trogir, der hier im 16. Jh. auf einem Inselchen sein Kastell mit Wehrturm errichten und es durch eine Zugbrücke mit dem Festland verbinden ließ. Nach Westen erstreckt sich ein langer, von Bäumen gesäumter Kiesstrand.

Kaštel Novi, die ›Neue Festung‹, ein wuchtiger, frei stehender Wehrturm, ließ sich 1512 *Pavao Ćipiko*, ein Neffe des Schriftstellers Koriolano Ćipiko, direkt am Hafen erbauen. Bedeutende Bauwerke der Ortschaft sind die Renaissancekirche *Sveti Roc* (St. Rochus, 1586) und die *Stadtloggia*.

Kaštel Stari, die ›Alte Festung‹, wurde 1481 im Auftrag von *Koriolano Ćipiko* erbaut, der sich als Schriftsteller, Humanist und Heerführer zugleich einen Namen machte. Seine Burg brannte schon bald ab, wurde jedoch bereits 1493 neu aufgebaut. Sehenswert sind die schmucke Pfarrkirche vom Ende des 16. Jh., die im 17. Jh. von Grund auf barockisiert wurde, und das Kirchlein **Sveti Juraj** (St. Georg), das schon im 11. Jh. erbaut wurde und als eines der schönsten Beispiele frühmittelalterlicher Kirchenarchitektur Kroatiens gilt. Die Fassade des schlichten Baus zieren schlanke Rundbogen-Lisenen, die vom Fundament bis ans Dach reichen und dem winzigen Bau eine hoch aufstrebende Wirkung verleihen.

Das von Palmen, Obstbäumen und Tamarisken umgebene Städtchen **Kaštel Lukšić** geht auf einen befestigten Landsitz – mit schönem Renaissance-Innenhof – zurück, den sich die Aristokratenfamilie *Vitturi* aus Trogir Ende des 15. Jh. auf einem kleinen Inselchen nahe dem Ufer erbauen ließ. Einige Zeit später wurde das Eiland mit dem Festland verbunden. Eine Attraktion der Ortschaft ist der **Botanische Garten** mit seiner mediterranen Vegetation. Sehenswert ist aber auch die Kirche **Gospino uznesenje** (Mariä Himmelfahrt) von 1515 im Übergangsstil von der Gotik zur Renaissance, in der der Sar-

kophag des Erzbischofs *Arnir* von Split, eine der berühmtesten Arbeiten *Juraj Dalmatinacs* (1445), steht.

Der Ort **Kaštel Kambelovac** wurde benannt nach der Aristokratenfamilie *Cambi* aus Split, die hier im 16. Jh. mehrere Festungen erbauen ließ. Die Zitadelle steht auf einer Insel, die durch einen Damm mit dem Festland verbunden wurde. Zentrum der Anlage ist ein schlichter *Palast* mit Rundturm und einem Renaissance-Balkon.

Bereits 1078 vermachte der kroatische *König Zvonimir* den Küstenstrich von **Kaštel Gomilica** Benediktinerinnen aus Split, die hier im 12. Jh. die romanische Kirche **Sveti Kozma i Damjan** errichteten. Das Kastell entstand Anfang des 16. Jh. auf dem vorgelagerten Felsen Gomilica und wurde durch eine Zugbrücke mit dem Festland verbunden. Das Panorama der Festung, die auf dem Wasser zu schwimmen scheint, ist überaus reizvoll.

Kaštel Sućurac, die östlichste Ortschaft von Kaštela, ist zugleich die älteste. Der erste Festungsturm wurde 1392 im Auftrag des Erzbischofs Gualdo von Split erbaut und 1488 unter Erzbischof Averoldo zur Zitadelle erweitert. Ihr heutiges Aussehen erhielt die Anlage mit gotischem Landhauspalais 1509 durch Erzbischof Zane.

ℹ Praktische Hinweise

Information
Dvorac Vitturi, Brce 1, Kaštel Lukšić, Tel. 021/22 83 55, Fax 021/22 79 33

Hotel
**Palace, Obala kralja Tomislava 82, Kaštel Stari, Tel. 021/20 62 22, Fax 021/23 08 42. Inmitten einer grünen Parklandschaft direkt am Meer gelegenes Ferienhotel mit Hallenbad, Freibad, Sauna und Bootshafen, aber nur kleinem Badestrand.

Restaurants
Bellazza, Kaštel Stari, Tel. 021/23 26 53. Spezialität der gemütlichen Pizzeria sind Muschel- und Meeresfrüchte-Pizza.

Duje, Kaštel Lukšić, Tel. 021/22 83 34. Traditionelle Konoba, die neben Käse, Schinken und Wein auch gute Fischgerichte serviert.

Lord, Kaštelanska cesta, Ecke F. F. Careva, Kaštela, Tel. 021/22 30 69. Modern ausgestattetes Restaurant an der Uferpromenade.

Split und sein Archipel – eine Metropole im Römerpalast und ein Inselparadies

In vielen Städten stehen Paläste, aber eine Stadt im Palast gibt es nur einmal: in **Split**. Der römische *Kaiser Diokletian* ließ direkt am Meer seinen prunkvollen Alterssitz errichten, aus dem später die mittelalterliche Ortschaft erwuchs. Längst über die Mauern der antiken Anlage hinausgewachsen, ist Split heute kulturelles und wirtschaftliches Zentrum Dalmatiens. Vor den Toren der Metropole erstreckt sich der Archipel von Split, eine Inselgruppe, die durch ihre landschaftliche Vielfalt abwechslungsreiche Urlaubstage verspricht. Von einer Hand voll kleinerer unbewohnter Eilande abgesehen, sind vor allem die vier großen Inseln von touristischem Interesse: Das nahe der Küste gelegene **Šolta** wurde bislang nur von kroatischen Feriengästen als Reiseziel entdeckt. Das gebirgige **Brač**, das größte aller dalmatinischen Eilande, besitzt den schönsten Strand sowie vielbesuchte Badeorte und einsame Bergdörfer. Die Lavendelinsel **Hvar** rühmt sich ihres milden Klimas, einer subtropischen Vegetation und des charmanten Kurortes Hvar. Weit draußen im Meer ragt **Vis** empor, das bis vor wenigen Jahren Sperrgebiet war und ein ursprüngliches Inselparadies geblieben ist. Alle vier Inseln sind von Split aus mit der Autofähre zu erreichen, untereinander sind sie jedoch nicht verbunden.

23 Split

Plan Seite 72

 Einzigartige Altstadt in den Mauern einer spätrömischen Palastanlage.

Mit 205 000 Einwohnern ist Split die größte Stadt Dalmatiens, die zweitgrößte Kroatiens und darüber hinaus einer der wichtigsten Industriestandorte des Landes, das Herz aber schlägt noch immer in den Mauern des über 1500 Jahre alten Diokletianspalastes. Den Schiffsreisenden zeigt sich die Metropole bereits bei der Einfahrt in den Hafen von ihrer Panoramaseite: die palmengesäumte Riva vor der breiten Front des spätrömischen Kaiserpalastes und dem Campanile der Kathedrale, der die Dächer der Altstadt überragt.

Geschichte In **Salona**, der 5 km nordöstlich gelegenen ehemaligen römischen Hauptstadt der Provinz Dalmatien, wurde um das Jahr 240 *Diokletian* geboren, der Sohn eines illyrischen Schreibers. Vom Legionär arbeitete er sich empor bis zum General der kaiserlichen Garde und wurde nach dem Tod des Imperators Numerianus 284 durch eine Militärrevolte neuer Herrscher von Rom. Nahe seiner Geburtsstadt ließ der Kaiser ab 295 einen Palast gewaltigen Ausmaßes aus dem Boden stampfen. Als 614 Awaren und Slawen Salona zerstörten, flohen seine Bewohner in die einstige **Kaiserresidenz**. Sie machten den antiken Tempel zu einer christlichen Kirche und unterteilten Hallen und Säulengänge in Wohnräume und Werkstätten.

Während in Norddalmatien im 9. Jh. das kroatische Königreich entstand, blieb **Spalatum** zunächst noch byzantinisch. Nachdem sich Byzanz im 12. Jh. aus der östlichen Adria zurückziehen musste, war der Hafenort mehrere Jahrhunderte autonom, anerkannte aber die Oberhoheit der ungarisch-kroatischen Könige. Von 1420 bis 1797 gehörte Split zum Machtbereich der Venezianer und wurde in dieser

◁ *Harmonisches Zusammenspiel von Antike und Mittelalter – das römische Mausoleum Diokletians wurde in die christliche Kathedrale Sveti Duje umgewandelt*

Zeit immer wieder von den Türken bedroht. 1797 schließlich wurde ganz Dalmatien bis 1918 dem **Habsburger Reich** eingegliedert, nur unterbrochen durch das napoleonische Intermezzo 1805–13. Die Hafenmetropole, die in beinahe eineinhalb Jahrtausenden kaum über ihren alten Kern hinausgewachsen war, entwickelte sich erst im 20. Jh. zur Großstadt. Die Einwohnerzahl stieg von 13 000 im Jahr 1918 auf 190 000 (mit Vororten 250 000) im Jahr 1996.

Besichtigung Der Bezirk des 295–305 als Alterssitz für Diokletian errichteten Kaiserpalastes (180 x 215 m) bildet das historische Zentrum von Split. Einst grenzte seine südliche Umfassungsmauer direkt ans Meer. Die **Riva**, die breite Uferpromenade, die sich als Ausgangspunkt für die Besichtigungstour durch Split anbietet, entstand erst Jahrhunderte später durch Aufschüttung.

Diokletianspalast

Die unscheinbare **Porta Aenea** ❶ (Mjedena vrata, Messingtor) führt von der Uferpromenade ins Innere des Diokletianspalastes (Dioklecijanova palača), genauer gesagt in das dämmrig-kühle Untergeschoss. Mehrere Räume mit gemauerten Gewölben blieben erhalten. Darüber lagen ehemals die Kaisergemächer. In einem der kaiserlichen Räume wurde im 7. Jh. die Kirche *Sveti Andrija* eingerichtet. Hier ist heute das **Ethnographische Museum** ❷ (Etnografski muzej, Iza Vestibula 4, Mai Mo–Fr 9–14, Sa 9–13 Uhr, Juni Mo–Fr 9–14 und 17–20, Sa 9–13 Uhr, Juli–Mitte Sept. Mo–Fr 9–21, Sa 9–13 Uhr, sonst Mo–Sa 8–13 Uhr) untergebracht, eine reiche Sammlung von Trachten, Schmuck und Kunsthandwerk.

Durch das angrenzende Vestibül und über eine breite Treppe gelangt man wieder hinauf ans Tageslicht und betritt das rechteckige **Peristyl** ❸, einen offenen, von hohen korinthischen Säulenarkaden gerahmten Hof, der einst im Osten vom Mausoleum Diokletians flankiert wurde. Auf diesem größten Platz der Anlage, unter dem breiten Dreiecksgiebel der südlichen Schmalseite, zeigte sich der Herrscher dem Volk. Wo früher Würdenträger dem Kaiser huldigten, genießen heute Einheimische und Touristen die einzigartige Szenerie.

Damals wie heute ist das Peristyl das Zentrum des Palastviertels: Einst kreuzten sich hier die beiden Hauptachsen des Palastes, die nun die Hauptstraßen der Altstadt sind: Decumanus, heute **Krešimirova**, und Cardo, heute **Dioklecijanova**. In der Südostecke der Kreuzung steht die kleine einschiffige Kirche **Sveti Roc** ❹, die 1516 in ein älteres Wohnhaus integriert wurde und heute als Touristeninformation dient.

Hinter der östlichen Begrenzung des Peristyls ragt die nach dem Stadtpatron benannte **Katedrala Sveti Duje** ❺ (St. Domnius) empor. Bereits die ersten ›Palastbesetzer‹ im 7. Jh. wandelten das *Mausoleum* Diokletians,

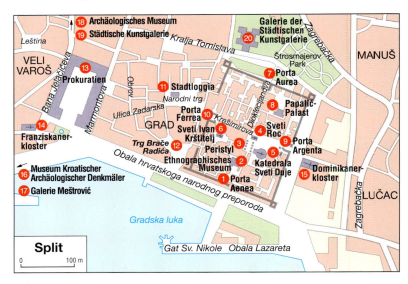

23 Split

Einst huldigten hier die Würdenträger dem Kaiser – das römische Peristyl beeindruckt bis heute durch die hohen Säulen, die den größten Platz im Diokletianspalast rahmen

nachdem sie den Sarkophag des grausamen Christenverfolgers zerstört hatten, in eine Kirche um. Der mächtige oktogonale **Zentralbau** aus dem 4. Jh., der von einem offenen Säulengang umgeben wird, blieb im Wesentlichen unverändert. Zwischen dem 13. und 15. Jh. wurde allerdings ein Glockenturm angefügt. Der mehrstöckige, sich nach oben verjüngende *Campanile*, der durch seine hohen Zwillingsfenster sehr leicht wirkt, kann bestiegen werden. Von der oberen Plattform bietet sich ein herrlicher Blick auf das zu Füßen liegende Peristyl und die gesamte Stadt. Die Pforte des kaiserlichen Grabmals wurde einst von zwei ägyptischen Sphingen aus schwarzem Granit bewacht, eine der inzwischen fast 4000 Jahre alten Statuen ruht heute unter dem Säulengang. Das wuchtige **Portal** der Kathedrale aus dunklem Holz wurde 1214 von *Andrija Buvina* geschnitzt. Auf 28 Bildfeldern stellte er die Heilsgeschichte dar. Das **Innere** der Kathedrale besticht durch das Zusammenspiel von im Originalzustand erhaltener antiker Architek-

Das Portal der Kathedrale illustriert das Leben Jesu in zwölf kunstvoll geschnitzten Tafeln

tur und der Ausstattung der späteren Jahrhunderte. Monumentale korinthische Marmorsäulen – in zwei übereinander liegenden Reihen und mit reich geschmücktem Gebälk – stützen die 25 m hohe Kuppel. Direkt unterhalb verläuft ein Fries, der u. a. Porträts des Kaisers *Diokletian* und seiner Gemahlin *Prisca* zeigt. Halbrunde Nischen, die sich zum kreisförmigen Innenraum öffnen, dienen als Altarräume. Eine prachtvolle Kassettendecke spannt sich über den Nordaltar des venezianischen Bildhauers *Morlaiter*. Ihn flankieren zwei Baldachinaltäre mit den Sarkophagen der beiden Stadtpatrone *Sveti Duje* (hl. Domnius) und *Sveti Staš* (Anastasius). Der Domniusaltar stammt von Meister *Bonino* (1427), den Anastasiusaltar mit seinem beeindruckenden Relief der ›Geißelung Christi‹ schuf *Dalmatinac* (1448). Besonders kostbar ist die von sechs schlanken Marmorsäulen mit feingliedrigen Kapitellen getragene **Kanzel**, die ein Meisterwerk spätromanischer Bauskulptur darstellt. Der im 18. Jh. an der Südostseite angefügte **Chorraum** birgt ein kunstvoll geschnitztes Gestühl aus dem 13. Jh. Dahinter liegt die Sakristei mit der **Schatzkammer**, die Goldarbeiten und Messgewänder verwahrt, ein Ziborium von 1522 und die älteste Handschrift Kroatiens, ein Evangeliar aus dem 8. Jh.

Eine unscheinbare Seitengasse führt vom Peristyl in westlicher Richtung zum einstigen Jupitertempel, der ein ähnliches Schicksal wie das Mausoleum erfuhr und im 7. Jh. zur Taufkapelle **Sveti Ivan Krštitelj 6** (St. Johannes der Täufer) umgebaut wurde. Die Vorhalle blieb nicht erhalten, dafür aber die antike Cella mit wundervollem, kassettiertem Tonnengewölbe. In der Mitte des kleinen Raumes steht das Taufbecken aus dem 12. Jh., das mit Reliefplatten geschmückt ist. Die vordere Platte zeigt einen Herrscher auf dem Thron, vermutlich *König Zvonimir*. Weiterhin sehenswert ist der Sarkophag von *Johannes von Ravenna*, dem ersten Erzbischof von Split (7. Jh.).

Wer die *Dioklecijanova* vom Peristyl in nördlicher Richtung schlendert, erreicht schon bald die **Porta Aurea 7** (Zlatna vrata, Goldenes Tor), das eigentliche Haupttor der Anlage. Außen wird es von zwei achteckigen Türmen flankiert. Über dem Torbogen wurde im 9. Jh. die Kapelle **Sveti Martin** eingefügt. Vom vorromanischen Bau sind allerdings nur noch das Tonnengewölbe und ein Altar erhalten. Die Reste des Glockenturms stammen aus dem 11. Jh. Außerhalb der Palastmauern steht die fast 8 m hohe, 1929 von Ivan Meštrović geschaffene Bronzestatue des Bischofs *Grgur Ninski* (Grgur von Nin) [s. S. 37], die zunächst im Peristyl aufgestellt wurde, bevor sie 1954 vor der Porta Aurea eine neue Heimat fand.

Auf dem Rückweg bietet sich ein kurzer Abstecher zum **Papalić-Palast 8** an, den man über die *Ulica Papalićeva* erreicht. Baumeister *Juraj Dalmatinac* schuf Mitte des 15. Jh. durch den Umbau eines romanischen Wohnhauses eine imposante Residenz, die mit ihrer wohl proportionierten Loggia als das schönste Beispiel venezianischer Gotik in Split gilt. Heute informiert das im ehemaligen Wohnsitz der Patrizierfamilie Papalić untergebrachte Stadtmuseum **Muzej grada** (www.mgst.net, Sommer Di–Fr 9–21, Sa/So 10–13 Uhr, Winter Di–Fr 10–17, Sa/So 10–12 Uhr) über die Geschichte von Split.

Die beiden übrigen antiken Palasttore, die **Porta Argenta 9** (Silbertor) und die **Porta Ferrea 10** (Eisernes Tor) liegen am östlichen und westlichen Ende des Decumanus, der heutigen Hauptstraße Krešimirova. Im Obergeschoss der Porta Ferrea wurde im frühen Mittelalter ebenfalls eine Kirche eingerichtet. Von ihr sind nur das Kreuzgewölbe und der vorromanische Glockenturm erhalten, der älteste in Split.

Mittelalterliches Split

Vom Palastviertel gelangt man durch die Porta Ferrea in den im Mittelalter entstandenen Stadtteil um den weiten *Narodni trg* (Volksplatz). An seiner Nordseite erhebt sich die im 15. Jh. errichtete **Stadtloggia 11**, das alte Rathaus. Während das Erdgeschoss mit seinen dreigeteilten gotischen Spitzbögen im Originalzustand erhalten blieb, wurde der obere Stock im 19. Jh. vollkommen verändert. Heute nutzt die Stadt die Räumlichkeiten für wechselnde Ausstellungen.

An der Südostecke des Narodni trg beginnt die *Marulićeva ulica*, die zu dem erst im späten Mittelalter durch Auffüllung der Bucht entstandenen **Trg Brače Radića 12** führt. Nach Süden hin wird der Platz durch die Türme des einstigen venezianischen **Kastells** begrenzt, das 1435 unmittelbar am Meer errichtet wurde. Die Passage durch einen der Türme führt zurück auf die **Riva**. An ihrem Westende geleitet eine breite Freitreppe hinauf zu dem von den gewaltigen **Prokuratien 13** (Prokurative) gerahmten *Trg republike*.

Beherrschend – die Stadtloggia mit ihren mächtigen Spitzbögen und den harmonischen Fensterreihen dominiert den Narodni trg in Split

Dieser 1864–1928 im Stil der Neorenaissance errichtete Palast der Statthalter von Split mit seinen langen Arkadengängen ist den Prokuratorenpalästen von Venedig nachempfunden. Südwestlich davon erhebt sich das im 13. Jh. errichtete, im 19. Jh. umgebaute **Franziskanerkloster** ⑭. Aus der Entstehungszeit blieben der spätromanische Kreuzgang und Teile der Kirche erhalten.

Ein weiteres sehenswertes Kloster, das gegenüber der Porta Argenta gelegene **Dominikanerkloster** ⑮ (Dominikanski samostan), erreicht man nach einem schönen Spaziergang entlang der Uferpromenade. Bereits im Jahr 1217 gegründet, wurde die Anlage später barock restauriert. In der Bibliothek wird eine wertvolle Sammlung illuminierter Handschriften bewahrt.

Museumsviertel

Die bedeutendsten Museen von Split liegen südwestlich des Zentrums im Stadtteil **Meje** und nordwestlich in **Poljud**. Vom Westende der Riva folgt man der Uferstraße *Branimirova obala* und gelangt bei der Marina nach Westen schwenkend zum **Museum Kroatischer Archäologischer Denkmäler** ⑯ (Muzej hrvatskih arheoloških spomenika, Šetalište I. Meštrovića, www.mhas-split.hr, Mo–Fr 9.30–16, Sa bis 14 Uhr). Die Sammlung – eine der bedeutendsten kroatischer Kultur – zeigt interessante Exponate aus der Zeit von der Völkerwanderung bis zum späten Mittelalter, darunter Sarkophage, Waffen und Werkzeuge. Das bedeutendste Ausstellungsstück ist das aus Nin stammende, im 9. Jh. gefertigte **Taufbecken** des ersten christlichen kroatischen *Fürsten Višeslav*. Weiter in westlicher Richtung erreicht man an der Meštrovića 39 die **Galerie Meštrović** ⑰ (Meštrovića Galerija, Sommer Di–Sa 9–21, So 12–21, Winter Di–Sa 9–16, So 10–15 Uhr). Die in den 1930er-Jahren nach Plänen Meštrovićs errichtete Sommerresidenz des Meisters zeigt einen Querschnitt durch das vielfältige Schaffen des international renommierten Künstlers in Stein, Holz und Bronze. In der Kapelle des 500 m westlich gelegenen **Meštrović Kaštelet** sind seine bedeutendsten Holzreliefs mit einem Zyklus aus dem Leben Christi ausgestellt.

Im Stadtteil Poljud, nördlich des Marjan-Hügels, wurde bereits 1820 das **Archäologische Museum** ⑱ (Arheološki muzej, Zrinsko-Frankopanska 25, www.mdc.hr/split-arheoloski, Juni–Sept. Mo–Sa 9–14 und 16–20, sonst Di–Fr 9–14, Sa/So 9–13 Uhr) gegründet, das umfangreiche Funde aus griechischer, römischer und

23 Split

In der Versenkung verschwunden – von der römischen Provinzhauptstadt Salona blieben nicht viel mehr als die Mauern der Gebäude erhalten

frühchristlicher Zeit besonders aus dem nahen Salona besitzt. Weiter südlich steht in der Lovretska ulica 11 die **Städtische Kunstgalerie** 19 (Gradska umjetnička galerija, www.galum.hr, Sommer Mo 18–21, Di–Sa 10–13 und 18–21, Winter Mo 17–20, Di–Sa 10–13 und 17–20 Uhr) mit Skulpturen und Malereien dalmatinischer Künstler vom 15. Jh. bis zur Gegenwart und einer Ikonensammlung. Außerdem eröffnete 2006 die **Galerie der Städtischen Kunstgalerie** 20 (Smještaj galerije, Sommer Mo 18–21, Di–Sa 10–13 und 18–21, Winter Mo 17–20, Di–Sa 10–13 und 17–20 Uhr) am Trg Tomislava 15 nördlich vom Zentrum, die Platz für Wechselausstellungen bietet.

Berg Marjan

An der Westspitze der Halbinsel von Split erhebt sich der 178 m hohe, bewaldete Berg Marjan, der herrliche Möglichkeiten für einen Spaziergang bietet und einen grandiosen Blick über Stadt und Hafen gewährt. Vom Diokletianspalast aus erreicht man ihn zu Fuß in etwa 15 Minuten durch den Stadtteil **Veli Varoš** (via Senjska ulica). Über breite Fußwege und Treppen steigt man hinauf und erreicht auf halber Höhe eine Aussichtsterrasse mit Café. Dicht unter dem Kamm erhebt sich das kleine Bethlehemkirchlein im Übergangsstil von der Gotik zur Renaissance.

Salona, Klis und Sinj

5 km nördlich vom Zentrum Splits, in der von großen Industrieanlagen geprägten Stadt Solin, liegen die ausgedehnten, aber wenig spektakulären Ruinen des antiken **Salona**. In der fruchtbaren Küstenebene hatten bereits die Griechen eine Siedlung gegründet, die unter den Römern rasch expandierte und zur römischen Hauptstadt der Provinz Dalmatien aufstieg. Während ihrer Blütezeit in der Spätantike zählte die Metropole etwa 50 000 Einwohner. Im 7. Jh. jedoch wurde sie von Slawen und Awaren erobert und zerstört, ein Schlag, von dem sich Salona nicht mehr erholte. Außerhalb der antiken Mauern entstand das neue Solin, das vom 9. bis 11. Jh. Hauptort des kroatischen Königreiches war. Hier wurde 1075 *Fürst Zvonimir* vom päpstlichen Gesandten gekrönt. Die archäologische Zone nahe des Parkplatzes ist touristisch kaum erschlossen. Interessierte können in dem 160 Hektar großen Ausgrabungsgebiet selbst auf Entdeckungstour gehen. Zwischen Olivenbäumen und Gestrüpp schlummern die architektonischen Überreste der antiken Metropole.

Zu dem 11 km nördlich von Split auf 360 m Höhe gelegenen Städtchen **Klis** schlängelt sich die E 71 in Richtung Sinj hinauf. Auf einem Felsen, der den Ort überragt, wurde bereits im frühen Mittelalter eine Festung errichtet, die den Pass ins Landesinnere kontrollierte. Wegen ihrer strategischen Schlüsselposition stets heftig umkämpft, fiel die Festung 1537 an die Türken, die von hier aus Vorstöße gegen Split unternahmen. Erst 1648 befreite ein venezianisches Heer die Burg. Aus türkischer Zeit ist eine Moschee erhalten, die später in eine Kirche umgewandelt wurde. Auch heute noch bietet die Ruine einen imposanten Anblick – und einen noch eindrucksvolleren Ausblick über die Bucht von Split. Der Ort selbst hat kaum Sehenswürdigkeiten zu bieten.

Die Stadt **Sinj** liegt im kargen Bergland der Dalmatinska Zagora, 37 km landeinwärts von Split (via E 71). 1516 eroberten die Türken Stadt und Burg Sinj und beherrschten sie bis zur Befreiung durch die Venezianer 1698. In der Folgezeit ließen die Osmanen nichts unversucht, die Stadt zurückzugewinnen. So etwa 1715, als sie Sinj mit 60 000 Infanteristen und Kavalleristen attackierten, denen nur 700 Verteidiger gegenüberstanden. 15 Tage lang leisteten die verwegenen *Alkari* (Ritter) von Sinj der Übermacht Widerstand, bis sie das Türkenheer mit venezianischer Unterstützung schlagen konnten. An diese heldenmütige Tat erinnert seither alljährlich am ersten Augustwochenende die **Sinjska Alka**, ein dreitägiges Reiterfest mit Ringstechen und einem umfangreichen Rahmenprogramm. Eröffnet werden die Spiele mit einem Festumzug in historischen Trachten und Uniformen. Aus den glorreichen Tagen des Städtchens ist ansonsten nicht allzu viel erhalten geblieben, doch gibt es zwei sehenswerte Museen: Das **Altertumsmuseum** (Zbirka Franjevačko samostan, Besichtigung auf Anfrage, Tel. 021/82 13 74) im neuen Flügel des Klosters bietet seinen Besuchern Funde aus der Umgebung von der Jungsteinzeit bis zum Mittelalter. Und das **Museum der Cetina-Region** (Muzej Cetinske Krajine, Mo–Sa 8–12 Uhr) dokumentiert in geologischen und volkskundlichen Sammlungen die Geschichte der Region.

ℹ️ Praktische Hinweise

Information

TIC (Stadtinformation), Peristil b.b., Split, Tel. 021/34 86 06, Fax 021/33 98 98, www.visitsplit.com

Bei der Touristeninformation erhält man auch die 72 Stunden gültige **Splitcard**, die für 5 € – kostenlos bei einem Aufenthalt von drei oder mehr Tagen – freien Eintritt zu Museen und Galerien, sowie Ermäßigungen im Theater, bei Autovermietungen, Hotels, Restaurants bietet.

TZŽ (Region Split und Mitteldalmatien), Prilaz braće Kaliterna 10/1, Split,

Tel. 021/49 00 36, Fax 021/49 00 33, www.dalmacija.net

Hotels

****Park**, Hatzeov Perivoj 3, Split, Tel. 021/40 64 00, Fax 021/40 64 01, www.hotelpark-split.hr. Das Hotel an der Bačviće-Bucht liegt in einer ruhigen Gegend, und doch ist die Altstadt in nur 10 Min. zu Fuß zu erreichen.

***Villa Ana**, Vrth Lučac 16, Split, Tel. 021/48 27 15, Fax 021/48 27 21, www.villaana-split.hr. Kleines, schmuckes Hotel mit sauberen und einladenden Zimmern nur wenige Minuten vom Diokletianspalast.

Marjan, Obala Kneza Branimira 8, Split, Tel. 021/39 92 11, Fax 021/39 92 10, www.hotel-marjan.com. Das nur wenige Minuten vom Diokletianspalast gelegene große Hotel bietet einen faszinierenden Blick über Hafen und Altstadt.

Restaurants

Boban, Hektorovića 49, Split, Tel. 021/51 01 42. Restaurant der gehobenen Kategorie mit ausgezeichnet zubereiteten dalmatinischen Fischgerichten, besonders empfehlenswert ist Seeteufel in Champagnersauce.

Kod Joze, Sredmanuška 4, Split, Tel. 021/34 73 97. Die nahe dem Peristyl gelegene Konoba ist bekannt für ihre guten Fischgerichte und Wein aus eigenem Anbau.

Šumica, Put Firula 6, Split, Tel. 021/38 98 97. Restaurant mit zivilen Preisen, gemütlicher Atmosphäre, Livemusik und ausgezeichneten Fischgerichten. Der Garten bietet einen Blick bis zur Insel Brač.

24 Brač *Plan Seite 82/83*

Ein wahrer Traumstrand zu Füßen einer wildromantischen Gebirgswelt.

Mit fast 400 km² ist Brač die größte Insel Dalmatiens und die drittgrößte Kroatiens. Während die dem Festland zugewandte Seite vergleichsweise dicht besiedelt ist, blieb die zerklüftete Südküste weitgehend menschenleer. Seine landschaftliche Schönheit verdankt Brač dem rauen Gebirgsblock, der das Eiland längs durchzieht und an der Südküste mit schroff zerrissenen Felswänden jäh ins Meer abstürzt. Ferienzentrum ist Bol, dessen überaus beliebtem Strand *Zlatni rat*

77

Eine kleine Altstadt und die gemütlichen Cafés an der palmengesäumten Uferpromenade versprechen erholsame Urlaubstage in Supetar

Brač den einzigen Flughafen der dalmatinischen Inseln verdankt.

»Insel ohne Geschichte, ohne Paläste und Denkmäler, ohne Wege, ohne Reben und Ölbäume, ohne Brot und Wasser« nannte der 1876 in Postira auf Brač geborene Dichter *Vladimir Nazor* seine Heimat. Während die Nachbarinseln bereits von den Griechen in Besitz genommen wurden, blieb Brač – hier gibt es nur an der Südküste einige wenige Quellen – lange Zeit unbesiedelt. Die ersten, die in größerer Zahl hier landeten, taten dies nicht freiwillig. Es waren römische Sklaven, die den ›Bračer Marmor‹ für den Bau der Hauptstadt Salona brechen mussten. Auch ihre Nachfolger kamen nicht aus freien Stücken, sondern suchten auf dem unwegsamen Eiland Schutz. Nach dem Einfall der Awaren und Slawen im 6. Jh. und auch nach den Eroberungen durch die Türken 1000 Jahre später zogen sich Bewohner vom Festland in die Berge von Brač zurück. Dass die Insel lange Zeit eine Fluchtburg war, zeigt auch die Lage der historischen Hauptstadt Nerežišća. Wie ein Adlerhorst thront sie an der Nordflanke des Gebirgszuges fast 400 m über dem Meer.

Supetar

Die aus Split kommenden Fährschiffe laufen in dem an der Nordküste gelegenen Städtchen **Supetar** (3000 Einw.) ein, dem Verwaltungs- und Wirtschaftszentrum der Insel. Vom belebten Fährkai sind es nur wenige Schritte zu der von Palmen und gemütlichen Lokalen gesäumten Uferpromenade. Dass Supetar einer der Tummelplätze der zahlreichen Brač-Urlauber ist, vermutet man beim Anblick dieses beschaulichen Ambientes kaum. Doch da alle Hotels außerhalb im Kiefernwald liegen, trübt kein Betonbau die dörfliche Silhouette. Einzig die Verwaltungsgebäude an der Promenade, eine Hinterlassenschaft aus venezianischer und österreichischer Zeit, und der einladende Hauptplatz mit Kirche, Rathaus und Uhrturm verleihen dem größten Inselstädtchen ein wenig städtisches Flair.

In westlicher Richtung erreicht man die Landzunge Sveti Nikola, an deren Beginn sich ein von Kiefern gesäumter Sandstrand erstreckt. An Hotels vorbei führt der Weg zum Friedhof, der mit einer Reihe bemerkenswerter Grabanlagen aufwartet. Das imposante, orientalisch verspielte **Petrinović-Mausoleum** (Petrinović mauzolej) entwarf der Spliter Bildhauer *Tomo Rosandić* 1914 für die Reederfamilie *Petrinović* aus Supetar. Vom Friedhof aus kann man außerdem wunderschöne Sonnenuntergänge erleben.

Inselrundfahrten

Von Supetar schlängelt sich die Küstenstraße hoch über dem Meer entlang der buchtenreichen Nordküste und erreicht schon bald den Fischerort **Splitska**. Das winzige Städtchen liegt an der von Pinienwald gesäumten Bucht gleichen Namens und wird von dem 1577 erbauten Kastell *Cerinić* überragt.

Von hier führt eine kleine Straße ins Inselinnere nach **Škrip**, dessen Name vom griechischen *Scripani* (Kalkstein) abgeleitet ist – dem Material, aus dem das Dorf erbaut wurde. Die älteste Ansiedlung von Brač besteht aus einer Ansammlung geduckter Natursteinhäuschen. Der **Radojković-Turm** (Radojković kula) – ein Überbleibsel der antiken Befestigung – verrät seinen Besuchern einiges zur Geschichte des Städtchens, denn die unteren Mauerreihen sind illyrischen Ursprungs, die mittleren stammen von den Römern und die oberen aus venezianischer Zeit (16. Jh.). In der Nachbarschaft befindet sich der Friedhof mit der bedeutendsten altkroatischen Kirche von Brač, **Sveti Duk** (Heiliggeistkirche). Das kleine, weiß verputzte Gotteshaus aus dem 9. oder 10. Jh. birgt die Gruft der Adelsfamilie *Cerincić*, deren Wehrschloss gegenüber der Kirche aufragt.

Bei Splitska gelangt man erneut auf die Küstenstraße, die sich wenige Kilometer hinter Postira in die Berge hinaufschraubt und den Blick freigibt auf die an einer tief eingeschnittenen Bucht im Nordosten der Insel gelegene Steinmetzstadt **Pučišća**. Der ganze Ort besteht aus dem weißen, marmorähnlichen Kalkstein, der seit der Römerzeit in den nahen Steinbrüchen gewonnen wird. Der edle ›Bračer Marmor‹ war und ist als Baumaterial begehrt, nicht nur in Dalmatien: Neben dem Diokletianspalast von Split und der Kathedrale von Šibenik wurden auch der Berliner Reichstag und das Washingtoner Weiße Haus aus Marmor der Insel Brač errichtet. Pučišća lebt seit Jahrhunderten von seinen Marmorsteinbrüchen. Die lange Tradition der örtlichen Steinmetzkunst, die große Baumeister wie Juraj Dalmatinac oder Nikola Fiorentinac in das Städtchen führte, wird heute von der einzigen Steinmetzschule Kroatiens fortgeführt. In den Werkstätten kann man die Schüler bei ihrer Arbeit beobachten.

Von der ›Hauptstadt‹ Supetar Richtung Westen führt eine gut ausgebaute Straße zum pittoresken Fischerort **Milna** (900 Einw.), der sich an eine tiefe Bucht schmiegt. Die Ortschaft entstand im 17. Jh. um die Festung Angliščina und die kleine Pfarrkirche Sveta Marije (St. Marien), die die Adelsfamilie *Cerincić* im 16. Jh. errichten ließen. Während der napoleonischen Kriege befestigte Frankreich die Landzunge *Zaglav* an der schmalen Durchfahrt zwischen den Inseln Brač und Šolta, verlor jedoch 1806 die Seeschlacht gegen Russland vor der Küste von Milna und wurde aus der östlichen Adria vertrieben. Kurzzeitig stieg das kleine Städtchen zum russischen Flottenstützpunkt

Scheinbar unscheinbar – der tagsüber nahezu verwaiste Jachthafen von Bol lässt kaum vermuten, dass dieses Fischerdorf das Touristenzentrum von Brač ist

auf. Seine Blüte erlebte der Ort Mitte des 19. Jh., als Milna 2500 Einwohner zählte und hier große Segelschiffe gebaut wurden. Heute leben die Bewohner vom Fischfang und von den Skippern, die von den einsamen Buchten rund um die Landzunge angelockt werden. Die einzige Marina der Insel mit rund 300 Stellplätzen ist ganzjährig geöffnet.

Die einzige Straße, die von Supetar quer über die Insel zur Südküste führt, windet sich steil das gebirgige Inselinnere hinauf. Auf 400 m Höhe erreicht sie das Städtchen **Nerežišća**, das ab dem 10. Jh. Sitz der Fürsten von Brač war. Seine größte Blüte erlebte es unter den Venezianern. Allzu viele Zeugnisse aus der 800-jährigen Geschichte als Hauptstadt sind heute nicht mehr erhalten, doch immerhin besitzt Nerežišća mit der imposanten Barockkirche **Sveta Marija** das größte und eindrucksvollste Gotteshaus der Insel. Bereits im 13. Jh. errichtet, erfuhr Sveta Marija im Laufe der Jahrhunderte mehrere Umbauten und Erweiterungen, im 16. Jh. im Stil der Gotik und Renaissance und im 18. Jh. schließlich barock. Auf den Hügeln der Umgebung stehen mehrere altkroatische Kirchen. Am interessantesten ist das dem Schutzpatron der Insel, dem hl. Georg, geweihte frühromanische Kirchlein **Sveti Juraj** auf einem 496 m hohen Gipfel nördlich des Ortes mit herrlicher Aussicht über die ganze Nordküste.

Etwa 2 km hinter Nerežišća zweigt von der Hauptstraße ein schmaler Teerweg ab. Er führt durch die wildromantische, unter Naturschutz stehende Hochebene der **Vidova Gora** bis zum höchsten Berggipfel aller kroatischen Inseln, dem 778 m hohen Vidovica. Zunächst schlängelt sich das Sträßlein sanft bergan durch Wälder aus uralten, knorrigen Aleppokiefern. Je höher man kommt, desto lichter wird der Baumbestand und schließlich ist eine weite Heidelandschaft erreicht. Die Straße endet an der Abbruchkante fast 800 m über der Südküste, wo sich ein Ausblick von unbeschreiblicher Schönheit eröffnet. Fast senkrecht fallen die Felswände ab und aus dem tiefblauen Meer leuchtet goldgelb das berühmte *Zlatni rat* hervor, Kroatiens schönster Strand, der wie ein Horn in die Adria stößt. Ein Stück weiter östlich liegt das Fischerdorf Bol zwischen Fels und Meer.

Das am Fuße der steil aufragenden Gebirgskette gelegene Fischerdorf **Bol** ist die einzige Siedlung an der zerklüfteten Südküste von Brač. Der Ort, der sich um ein winziges Hafenbecken drängt, ist seit grauer Vorzeit ein bevorzugtes Refugium. Bereits in der Steinzeit siedelten die Menschen an der unwegsamen Steilküste, gab es doch hier die einzigen Quellen der ansonsten wasserlosen Insel. Heute macht das legendäre ›Goldene Horn‹ Bol

Erst am Abend erwacht Bol zu Leben – mit Blick auf die im Jachthafen vertäuten Boote kann man frische Fischgerichte genießen

Brač

Auf die faule Haut legen – Zlatni rat, das 600 m weit ins Meer ragende Goldene Horn, zählt zu den schönsten und beliebtesten Stränden Kroatiens

zu einem der beliebtesten Urlaubsorte Dalmatiens. Trotz großem Rummel in den Sommermonaten ist es gelungen, das gewachsene, intakte Dorfensemble zu erhalten, denn sämtliche Hotelanlagen liegen außerhalb von Bol in einem Kiefernwald. Von hier führt eine mit dem weißen Bračer Stein ausgelegte **TOP TIPP** Uferpromenade hinaus zum **Zlatni rat** (Goldenes Horn), dem schönsten und ungewöhnlichsten Badestrand Dalmatiens. Denn dieser sanft gekrümmte Streifen aus teils grobem goldgelben Kies und grobkörnigem Sand zieht sich nicht an der Küste entlang, sondern ragt mehr als 600 m in das kristallklare Wasser hinaus. Die Bol zugewandte Seite ist Textilstrand, die andere ist FKK-Anhängern vorbehalten.

Am östlichen Ortsrand thront auf einem kleinen Vorsprung über den Uferklippen die größte Sehenswürdigkeit von Bol, das im 15. Jh. errichtete **Dominikanerkloster** (Dominikanski samostan, Mai–Mitte Okt. tgl. 8–12 und 17–20 Uhr). Obwohl die Anlage noch von Mönchen bewohnt wird, steht sie zumindest teilweise Besuchern offen. Sehenswert sind die gotische Klosterkirche und das kleine Museum, das eine bunte Sammlung von römischen Amphoren bis zu Ikonen präsentiert. In unmittelbarer Nachbarschaft steht die winzige mittelalterliche Kirche **Sveti Ivan i Tudor** (St. Johannes und St. Theodor), in deren Innerem Reste von Fresken eines frühromanisch-byzantinischen Gotteshauses aus dem 6. Jh. erhalten sind.

Die abgeschiedene Bergwelt westlich von Bol lädt zu mehreren außergewöhnlichen Ausflügen ein, die allerdings nur zu Fuß zu bewerkstelligen sind. Zunächst geht es immer am Strand entlang zum 5 km entfernten Weiler **Murvica**. Von hier führt ein Pfad durch Kiefernwälder bergauf zu einer romantischen Klosterruine. Wenige hundert Meter weiter hat **TOP TIPP** man die **Dračeva luka**, die Drachenhöhle, erreicht. Hier richteten Eremiten eine kleine Kapelle ein und schmückten die Wände mit Reliefs, u. a. einem großen Drachen. Die Höhle kann allerdings nur im Rahmen einer Führung besichtigt werden (Deutsche Führungen: Zoran Kojdić, Tel. 091/514 97 87). Noch etwas einsamer liegt das **Felsen-** **TOP TIPP** **kloster Blaca** (Samostan Blaca, Mai–Mitte Okt. Di–So 9–17 Uhr), das 1588 gegründet wurde. Im Laufe der Jahrhunderte erfuhr die malerische Anlage, die von einer Felswand überragt am steilen Hang klebt, mehrere Anbauten. Bis 1963 war das labyrinthische Kloster noch von Mönchen bewohnt, seither kann man hier ein besonderes Museum besichtigen, das u. a. die historische Sternwarte des Mönches *Don Milićević* mit Fernrohr und anderen Geräten des Himmelsstudiums umfasst. Zwei Pfade, die je eine halbe Stunde Fußmarsch erfordern, führen nach Blaca. Einer beginnt in Dragovoda, das über eine sehr schlechte Pi-

24 Brač

In den Fels gebaut – das Kloster Blaca hängt wie ein Adlernest in der steilen Wand

ste mit dem Auto zu erreichen ist, der andere beginnt in der Bucht Popola vala, zu der im Sommer Ausflugsschiffe von Bol aus verkehren.

ℹ Praktische Hinweise

Information

TZG, Porat 1 (am Hafen), Supetar, Tel./Fax 021/63 05 51, www.supetar.hr

TZO, Milna (an der Hafenpromenade), Tel./Fax 021/63 62 33

TZO Bol, Porat polsci pomaraza b.b., Bol, Tel. 021/63 56 38, Fax 021/63 59 72, www.bol.hr

Hotels

TOP TIPP *****Bretanide**, A. Rabadana b.b., Bol, Tel. 021/74 01 70, Fax 021/74 01 71, www.bretanide.hr. Sehr schöne, in lichten Kiefernwald eingebettete Anlage aus weißem Bračer Marmor mit Wellnessoase, großem Sportangebot, Disco und Pool in Nähe des Goldenen Horns.

*****Kaktus**, Put Vele Luke 4, Supetar, Tel. 021/64 01 55, Fax 021/63 13 44, www.watermanresorts.com. Große, moderne Hotel- und Apartmentanlage im Kiefernwald u. a. mit Tennis-, Surf- und Tauchschule.

*****Kaštil**, Frane Radića 1, Bol, Tel. 021/63 59 95, Fax 021/63 59 97, www.kastil.hr. Romantisches kleines Hotel in den Mauern einer alten Burg mit hübscher Restaurant-Terrasse.

*****Hotels Zlatni rat**, Hrvatska zvjezdice 30, Bol, Tel. 021/63 52 88, Fax 021/63 51 50, www.bluesunhotels.com. Der Komplex dieses Unternehmens besteht aus den drei Hotels *Elaphusa*, *Borak* und *Bonaca*. Mit seiner angenehmen Atmosphäre, Unterhaltungsangeboten und gastronomischen Einrichtungen ist dies eine der besten Ferienanlagen Kroatiens.

** **Hotel Britanida**, Hvratskih velikana 26, Supetar, Tel./Fax 021/63 10 38. Kleines Komforthotel (10 Zimmer) in einer Villa mediterranen Stils mit Restaurantterrasse und Meeresblick.

Restaurants

Gumonca, Mirca, Tel. 021/63 02 37. Exzellente einheimische Küche mit Schwerpunkt Fisch und eine große Auswahl kroatischer Spitzenweine genießt man auf den beiden Terrassen, inklusive des schönsten Sonnenuntergangs der Insel.

82

Hazienda, Selca. In einsamer Bergwelt an der Straße von Gornji Humac nach Selce gelegenes Natursteinhaus mit kühlem Innenhof, in dem Grillgerichte und Fisch auf den Tisch kommen.

Mlin, Ante Starcevica 11, Bol, Tel. 021/63 53 76. Romantisches Lokal in einer historischen Mühle im alten Teil von Bol, das dalmatinische Gerichte aus frischen Zutaten serviert.

Ribarska Kućica, Bol, Tel. 021/63 54 79. Überaus romantisches Lokal gegenüber dem Dominikanerkloster. Die Gerichte, überwiegend Fisch und Fleisch vom Holzgrill, sind gut und preiswert.

Tomić, Gornji Humac, Tel. 021/64 72 42. Traditionelle Konoba mit malerischer Dachterrasse, die für ausgezeichneten Käse berühmt ist. Besonders gut ist das zarte Milchlamm.

Vinotoka, Jabova 6, Supetar, Tel. 021/63 13 41. Beliebter Weinkeller am Hafen mit großer Auswahl, die von Hausmannskost über Grillfisch und -fleisch bis zu delikaten Hummergerichten reicht.

Vladimir Nazor, Vidova Gora, Tel. 021/54 90 61. Rustikale Berghütte am Steilabbruch über Bol. Bei Inselspezialitäten und Wein kann man eine grandiose Aussicht genießen (Mitte Juni–Mitte Sept. geöffnet).

25 Šolta

Malerische Buchten und Strände auf einer noch weitgehend unentdeckten Insel.

Nur durch einen engen Meereskanal von der Westspitze der Insel Brač getrennt, erstreckt sich das buchtenreiche Šolta (52 km², 1500 Einw.) vor der Küste von Split. Das Eiland ist geprägt von sanften Hügeln mit silbern schimmernden Oli-

25 Šolta

venhainen. Ein Großteil der Bewohner lebt noch immer von der Landwirtschaft. Der Tourismus hingegen beschränkt sich bislang auf den Hauptort Grohote und die große Ferienanlage in der tiefen Bucht Nečujam.

Wie alle Inseldörfer ist auch **Grohote** (600 Einw.) eine pittoreske Ansammlung grauer Natursteinhäuschen, die sich um die Dorfkirche scharen. Nur wenn das ›Trajekt‹ von Split im nahen Fährhafen **Rogac** anlegt, beleben sich seine Gassen für kurze Zeit. Bunt und betriebsam sind dagegen die Kiesstrände der Bucht **Nečujam**, die 4 km östlich von Grohote tief ins Land eindringt.

i Praktische Hinweise

Information

TZO, Grohote, Tel. 021/65 41 51, Fax 021/65 41 30, www.solta.hr

Hotel

**Nečujam Centar, Šetalište M. Marulića 1, Nečujam, Tel 021/74 08 00, Fax 021/ 74 06 00, www.soltaht.hr. Weitläufige Apartmentanlage nahe dem Strand mit Restaurant, Café, Bar und Supermarkt.

Restaurant

Avlija, Maslinica. Das einzige Restaurant am Ort befindet sich in einer Barockvilla mit einladender Terrasse mit Meeresblick.

Inselidyll – das Städtchen Stari Grad an der tiefen Bucht im Nordwesten von Hvar

26 Hvar *Plan Seite 82/83*

Mondäne Sommerfrische auf blühender Lavendelinsel.

Nur bis zu 11 km breit, aber 68 km lang ist Hvar, das sich wie eine Seeschlange aus dem Meer erhebt. Der lange, schmale Schwanz, der mehr als zwei Drittel des Eilandes ausmacht, besteht aus sanft welligem, von Feldern und Weiden bedecktem Hügelland. Lavendel, Oleander, Feigenbäume und Zypressen verleihen der Gegend ein fast toskanisches Flair. Das milde Klima und ihr üppiges Pflanzenkleid verdankt die Insel ihrer Nachbarin Brač, deren hohes Gebirge sie vor der Bora schützt. Ein anderes Bild präsentiert der Kopf der Inselschlange. Dort erheben sich über 600 m hohe Berge, und Landwirtschaft ist nur an wenigen Stellen möglich. Der Fremdenverkehr konzentriert sich auf die Küstenorte *Jelsa*, *Vrboska*, *Stari Grad* und *Hvar*, die sich in subtropischer Vegetation an geschützte Buchten schmiegen.

Griechische Kolonisten gründeten im 4. Jh. v. Chr. beim heutigen Stari Grad die Siedlung *Pharos*, von der sich der Name ›Hvar‹ ableitet. Der Ort Hvar, der sich im ungarisch-kroatischen Königreich zu einer bedeutenden Stadt entwickelte, wurde ab 1420 von Venedig zu einem Flottenstützpunkt zum Schutz der Handelswege im östlichen Mittelmeer ausgebaut. Die venezianische Herrschaft endete 1797, als zuerst Österreich und dann Frankreich die Insel an sich rissen. 1918–22

und 1941–43 wurde sie von Italien besetzt; dazwischen gehörte sie zum Königreich der Serben, Kroaten und Slowenen. Nach der Kapitulation Italiens landeten 1943 deutsche Truppen auf Hvar und blieben bis zum Herbst 1944. Bereits früh erlangte der Fremdenverkehr Bedeutung. Das milde Klima lockte schon Anfang des 20. Jh. betuchte Gäste nach Hvar, das sich zu einem mondänen Kurort entwickelte.

Stari Grad

Im Nordwesten von Hvar, an einer 6 km tiefen, fjordartigen Bucht, gründeten die Griechen 389 v. Chr. die Siedlung Pharos, die allerdings bereits 219 v. Chr. von den Römern zerstört wurde. Antike Zeugnisse sind – abgesehen von spärlichen Überresten der griechischen Zyklopenmauer – nicht erhalten. Stari Grad (1200 Einw.) entwickelte sich Anfang des 19. Jh. zu einem wichtigen Seehafen, heute macht die Autofähre von Split das Städtchen zum Verkehrs- und Wirtschaftszentrum der Insel.

An der Uferpromenade laden gemütliche Bars und Cafés zum Verweilen ein. Dort, wo sich die Straße zum weiten *Tvardoj trg* öffnet, erhebt sich das bedeutendste Baudenkmal der Stadt, **Schloss Tvrdalj** (Tvrdalj dvorac, tgl. 10–12 und 18–20 Uhr). Der wehrhafte Landsitz des bekannten kroatischen Dichters *Petar Hektorović* (1487–1572), der das einfache Leben der Landbevölkerung zum Thema seiner Werke machte, entstand 1520–69. Die ganze Schönheit des Renaissancebaus zeigt sich, wenn man durch die Eingangshalle den stillen Innenhof mit Fischteich und Laubengang betritt.

Uneinnehmbar – nach mehreren Plünderungen wurde die Kirche Sveta Marija in Vrboska festungsartig ausgebaut

Nur wenige Schritte in westlicher Richtung präsentiert der **Palais Biancini** (tgl. 9–13 und 18–21 Uhr) die Ausstellung ›Pharos – das antike Stari Grad‹, die über die Ursprünge der Ortschaft informiert. Enge Gassen führen von der Uferpromenade in die verwinkelte Altstadt, in deren Mitte sich die Pfarrkirche **Sveti Stjepan** (1605) erhebt. Interessanter ist jedoch die kleine Kirche **Sveti Nikola** (14. Jh.), in der Votivbilder von Stari Grader Segelschiffen zu sehen sind. Das festungsartige, 1482 errichtete **Dominikanerkloster** (Sommer tgl. 9–13 und 18–21, sonst tgl. 10–12 Uhr) birgt ein kleines Museum, dessen interessantestes Stück, das wertvolle Gemälde Tintorettos, ›Die Beweinung Christi‹, von Petar Hektorović in Auftrag gegeben wurde.

Vrboska und Jelsa

An der Ostküste der zerfransten Halbinsel *Maslinovik*, die sich zwischen Stari Grad und Jelsa wie ein zu Fels erstarrter Brei ins Meer ergießt, liegt das Fischerdorf Vrboska (500 Einw.). Eine kleine Brücke überspannt malerisch die schmale Meeresbucht. In den Dorfgassen herrscht selbst während der Sommermonate eine beinahe klösterliche Stille.

Hauptattraktion von Vrboska ist die Wehrkirche **Sveta Marija**, die während der türkischen Belagerungen zu Beginn des 16. Jh. mehrfach niedergebrannt und deshalb von den Bewohnern 1575 als Fes-

tung wieder aufgebaut wurde. Das nur 20 m lange Gotteshaus wirkt mit seinen 15 m hohen, praktisch fensterlosen Mauern ungemein wuchtig. Zwei Wehrtürme, Zinnen und eine wie ein gewaltiger Rammsporn spitz zulaufende Schanze verwandeln Sveta Marija in eine abweisende Trutzburg. Nur ein winziger Glockenturm erinnert an ein Sakralgebäude.

Die im 15. Jh. errichtete und im 17. Jh. barock erneuerte Pfarrkirche **Sveti Lovrijnac** (St. Laurentius) besitzt überaus sehenswerte Gemälde. Das Triptychon des Hochaltars mit Szenen aus dem Leben des hl. Laurentius wird *Tizian* zugeschrieben.

Wenige Kilometer weiter östlich schmiegt sich das Fischerort **Jelsa** in eine geschützte Bucht. Wem die Stadt Hvar zu turbulent, Vrboska aber zu still ist, der ist hier genau richtig. Ein paar im nahen Kiefernwald gelegene Ferienanlagen bringen ausreichend Gäste, um die kleine Promenade zu beleben, aber doch nicht so viele, dass sie die Dorfidylle stören würden. Nur Ende August, wenn die Gemeinde ihre ›Dani Vina‹, die Weintage, feiert, verwandelt sich ganz Jelsa in einen bunten Festplatz mit Feuerwerk. Neben dörflichem Charme locken schöne **Strände** die Besucher an. Besonders bei FKK-Freunden beliebt ist das unbesiedelte Inselchen *Zečevo*, zu dem in der Saison ein Boot verkehrt.

Südöstlich von Jelsa erstreckt sich die Hochebene von Grabac mit der winzigen, bereits im 13. Jh. gegründeten Hirtensiedlung **Humac**. Nach 8 km auf der Hauptstraße Richtung Sućuraj erreicht man einen Parkplatz, von dem aus ein ausgeschilderter Feldweg in einer etwa zweistündigen Wanderung zu dem entlegenen Dorf führt. Die schlichten, aus Feldsteinen erbauten und mit Steinplatten gedeckten Häuschen mit offenen Feuerstellen dienten über Jahrhunderte den Hirten als Unterschlupf. Heute werden sie von den Weinbauern der Umgebung während der Ernte genutzt.

Am Südhang des 350 m hohen Berges *Grabak* öffnet sich das unterirdische Labyrinth der **Grapčeva špilja**, die als steinzeitlicher Kultort eine der wichtigsten prähistorischen Stätten Dalmatiens ist. Allerdings sollte man alleine nicht weiter als bis in die von märchenhaften Tropfsteinen geschmückte Eingangshalle gehen, denn die Höhle besteht aus einem bislang nur teilweise erforschten Labyrinth von Gängen. Führungen organisiert das Touristbüro in Jelsa [s. S. 88].

Hvar

Steil und kurvenreich klettert die Straße von Stari Grad in die Berge hinauf, schlängelt sich 20 km durch karges Weideland und führt dann hinunter zur Bucht von Hvar, an der sich in üppig subtropischer Vegetation das Städtchen Hvar (3700 Einw.) ausbreitet. Die elegante Hafenpromenade säumen alte Grandhotels, dahinter verstecken sich zahlreiche venezianische Villen. Hoch über dem Ort thront eine alte spanische Festung mit herrlichem Blick über die Bucht. Lage, Natur und Architektur von Hvar verschmelzen harmonisch und ergeben eine verführerische Mischung aus mediterranem Bilderbuchstädtchen und mondänem Kurort der Belle Epoque.

Vom kleinen Hafenbecken öffnet sich der lang gestreckte *Trg Sveti Stjepana* mit den bedeutendsten Sehenswürdigkeiten von Hvar. Der kleine, 1550 aufgestellte Brunnen in der Mitte verliert sich fast auf dem 4500 m² größten Marktplatz von Dalmatien. Beherrscht wird das Platzensemble von den zwischen dem 16. und 18. Jh. errichteten **Katedrala Sveti Stjepan** (St. Stefan), die durch einen imposanten kleeblattförmigen Barockgiebel und einen fünfgeschossigen schlanken Renaissance-Glockenturm bestückt. Das Innere der dreischiffigen Basilika ist schlicht – abgesehen von den insgesamt elf Barockaltären. Die wertvollen Kirchenschätze aus der 850-jährigen Geschichte Hvars als Bischofssitz zeigt das **Dommuseum**

Eine Fahrt ins Blaue – Ausflugsschiffe tuckern von Ort zu Ort, von Insel zu Insel

26 Hvar

Harmonisches Platzensemble – vom Hvarer Hafen öffnet sich der von Palästen und der prächtigen Kathedrale gesäumte Trg Sveti Stjpana

(Mo–Sa 9–12 und 16–19 Uhr) im benachbarten *Bischofspalast*.

Direkt am Hafenbecken, auf der westlichen Seite des Platzes, markiert eine 10 m breite Arkadenöffnung den Eingang zum venezianischen **Arsenal**, das 1579 für die Reparatur von Kriegsschiffen errichtet wurde. Eine kostbare Besonderheit birgt das erst nachträglich aufgestockte Obergeschoss. Hier wurde 1612 eines der ersten nachantiken kommunalen Theater in Europa eröffnet. Dem im ursprünglichen Zustand erhaltenen Schmuckstück ist heute eine **Galerie für zeitgenössische kroatische Kunst** (Sommer tgl. 10–13 und 17–22, sonst 10–12 Uhr) angegliedert. Gegenüber erhob sich einst der viertürmige Fürstenpalast. Nach der Zerstörung durch die Türken 1571 wurde jedoch nur die **Stadtloggia** (Gradska loža) im Stil der Spätrenaissance wieder aufgebaut. Mit ihren harmonischen Bögen und dem Figurenfries unterhalb der Balustrade gilt sie als die schönste Loggia Dalmatiens. Heute ist sie verglast und dient dem *Palace Hotel* als Café. Von den Türmen ist nur der Uhrturm erhalten, der ebenfalls in die Nobelherberge integriert wurde.

Vom Trg Sveti Stjpana führt ein Fußweg durch enge Gassen hinauf zum Burgberg. Auf halbem Weg passiert man die **Benediktinerinnenabtei** (Benediktinski samostan), deren kleines *Museum* (Mai–Okt. Mo–Sa 10–12 und 17–19 Uhr) Gemälde, Ikonen und filigrane Spitzendecken aus Agavenfasern präsentiert. Nach einem kurzen Aufstieg ist das **Fort Španjol**, die 1557 errichtete spanische Festung, erreicht. Von der Terrasse des Restaurants eröffnet sich ein traumhafter Blick über die Bucht von Hvar.

Ein weiterer Spaziergang führt der Uferpromenade entlang zur Landzunge am Südende der Hafenbucht. Dort liegt in der Stille eines ummauerten Gartens das große **Franziskanerkloster** (Franjevački samostan), das 1461 als Matrosenherberge erbaut wurde. Der Kreuzgang mit seinen monumentalen Halbbögen wird in den Sommermonaten als stimmungsvoller Rahmen für klassische Konzerte genutzt. Das kleine *Museum* (Mai–Sept. Mo–Sa 10–12 und 17–19 Uhr) im Refektorium zeigt eine Kunst- und Botaniksammlung. Die Klosterkirche von 1470 besitzt einen der schönsten Renais-

Hvar

Stilvoll – die venezianische Loggia in Hvar wurde in das Luxushotel ›Palace‹ integriert

sancetürme Dalmatiens und birgt zudem ein eindrucksvolles Polyptychon (1583) von *Francesco de Santacroce*.

Daneben machen zahlreiche **Bademöglichkeiten** Hvar zu einem beliebten Urlaubsort. Etliche einsame Buchten an der Südwestküste sind allerdings nur vom Meer aus zu erreichen. Zu den schönsten Badeinseln Kroatiens zählen die unbewohnten **Pakleni otoci**, die Hölleninseln, die mit ihren Sand- und Kiesstränden für die Urlauber allerdings eher ein Paradies sind. Zu den größeren pendeln Badeboote; die kleineren sind nur mit dem eigenen Boot zu erreichen.

Praktische Hinweise

Information

TZG Stari Grad, Nova Riva 2, Stari Grad, Tel./Fax 021/76 57 63, www.stari-grad.hr

TZG Hvar, Trg Svetog Stjepana 21, Hvar, Tel./Fax 021/74 10 59, www.tzhvar.hr

TZO Jelsa, Riva b.b., Jelsa, Tel. 021/76 19 18, Fax 021/76 10 17, www.tzjelsa.jr

Hotels

*****Arkada**, Priko b. b., Stari Grad, Tel. 021/30 63 06, Fax 021/76 51 28, www.heliosfaros.hr. Großer Hotelkomplex mit 580 Betten, Hallenbad, Disco, Sportanlagen, eigenem Steinplattenstrand und Bootstransfer zu den FKK-Inseln.

TOP TIPP *****Palace**, Trg Sv. Stjepana b.b., Hvar, Tel. 021/74 19 06, Fax 021/74 24 20, www.suncanihvar.hr. Traditionsreiches, elegantes Grandhotel an der Hafenpromenade mit Blick auf die Bucht, Restaurant-Café in der venezianischen Loggia und Dach-Swimmingpool.

****Fontana**, Jelsa b.b., Jelsa, Tel. 021/76 10 28, Fax 021/76 18 10, www.azalaehotels.com. Reizvoll im Wald über dem Felsstrand gelegenes Hotel mit mehreren Pavillons und großer Poolterrasse.

****Sirena**, Hvar, Tel. 021/74 11 44, Fax 021/74 21 89, www.suncanihvar.hr. Hotelkomplex in kleiner Bucht südlich von Hvar mit eigenem Bootshafen und Blick auf die Hölleninseln. Shuttlebus in die Stadt.

***Dalmacija**, Hvar, Tel. 021/74 11 20, Fax 021/74 26 09, www.suncanihvar.hr. Auf der Südseite der Hafenbucht an der Promenade gelegenes Traditionshotel mit herrlichem Blick auf Hvar und die Bucht.

Restaurants

Dominko, Jelsa. Urgemütliche Gostiona im rustikalen Gewölbe mit einfacher, aber schmackhafter Landküche.

Gostionica Milina, Uvala Milna hvarska, Hvar, Tel. 021/74 50 23. Das unscheinbare Lokal serviert hervorragende Fisch- und Fleischgerichte.

Kod Barba Luke, Stari Grad, Tel. 021/76 52 06. Beliebtes Restaurant an der Hafenpromenade mit schöner Palmenterrasse und guten Fischgerichten.

Panorama, Hvar, Tel. 021/74 25 15. Terrassenrestaurant auf einem Berg 3 km außerhalb von Hvar mit sehr guter dalmatinischer Küche und umwerfendem Panoramablick über die Bucht von Hvar.

Restaurant Faria, Duh Sveti 4, Hvar, Tel. 021/74 17 26. Schönes Gartenlokal unter Bäumen mit sehr nettem Wirt, erstklassiger dalmatinischer Küche und gutem Hauswein aus eigenem Anbau.

27 Vis und Biševo

Plan Seite 82/83

Einsame Strände und faszinierende Höhlen.

Fernab vom Festland ragt die Insel **Vis** (91 km²), um die sich weitere kleine Eilande scharen, aus dem Meer. Als die Illyrer 2000 v. Chr. den wuchtigen Kalkfels besiedelten, tauften sie ihn Issa (›Befestigter Ort‹). Dionysios von Syrakus gründete hier 397 v. Chr. die erste griechische Kolonie der östlichen Adria. Die spärlichen Überreste der antiken Stadt sind nördlich des heutigen Hauptortes Vis zu besichtigen. Bis 1989 war die Insel als militärischer Vorposten für Ausländer gesperrt, jetzt steht sie wieder allen offen. Außer Seglern, die hier ankern, verirren sich jedoch nur wenige ausländische Gäste in das Inselparadies.

Die Fähren aus Hvar und Split legen in dem auf der Festlandsseite gelegenen Hafen von **Vis** an. In den stillen Gassen des Städtchens stehen einige ansehnliche Häuser aus der Renaissance- und Barockzeit. Im ehemaligen Wohnhaus der Familie Dojmi-Delupis ist das *Archäologische Museum* (Sommer Di–So 10–13 und 17–21 Uhr) untergebracht, das eine kleine, aber wertvolle Sammlung aus illyrischer bis römischer Zeit präsentiert.

Von Vis führt die einzige Straße der Insel kurvenreich in die wildromantische Gebirgslandschaft hinauf und schlängelt sich hinüber zur Westküste. Auf halber Strecke, nahe dem Weiler *Žena Glava*, versteckt sich die nur 80 m lange, über einen Trampelpfad zu erreichende **Titova špilja**, die Tito-Höhle. Die nach dem späteren jugoslawischen Ministerpräsidenten benannte Grotte war 1944 Partisanenhauptquartier. An der steilen Flanke des 587 m hohen Berges Hum mit traumhafter Aussicht über die Bucht geht es wieder hinab in das verträumte **Komiža**. Das Fischerdörfchen aus ein paar Dutzend grauer Steinhäuschen ist perfekt für Urlaubstage fernab aller Hektik. Zum Baden lockt direkt beim Ort ein kleiner, goldgelber Sandstrand, und auf einer Anhöhe ragt das befestigte *Benediktinerkloster* (13. Jh.) aus der Macchia empor.

Das vorgelagerte, abgesehen von ein paar Hirten unbewohnte Eiland **Biševo** (6 km²) ist ein stiller Ort, der nicht nur wunderbare Buchten und Strände, sondern auch zehn Höhlen bietet. In die nur mit dem Boot erreichbare, oberhalb der Bucht Balun gelegene **Modra špilja** (Blaue Höhle) scheint die Sonne mittags durch Öffnungen unter der Wasseroberfläche hinein und lässt das Wasser fantastisch blau und die Wände silbern schimmern. Eine zweite sehenswerte Grotte, die 160 m lange **Medvidova špilja** (Mönchsrobbenhöhle), fasziniert durch besonders schöne Tropfsteine. Mönchsrobben gibt es hier allerdings nicht mehr.

Praktische Hinweise

Information
TZG Vis, Šetalište stare Isse 5, Vis, Tel. 021/71 70 17, Fax 021/71 70 18, www.tz-vis.hr

Hotels
**Biševo, Ribarska 96, Komiža, Tel. 021/71 31 44, Fax 021/71 30 98. Der auf mehreren Ebenen angelegte Neubau am Hang über dem Sandstrand hat ein gutes Restaurant und eine romantische Terrasse mit Blick über Dorf und Hafen.

**Issa, Apolonija Zanelle 5, Vis, Tel. 021/71 11 24, Fax 021/71 77 40. Gut ausgestatteter Hotelkomplex westlich des Hafens mit Sporteinrichtungen.

Restaurants
AS, Korzo 16, Vis, Tel. 021/71 15 80. Beliebtes Restaurant an der Hafenpromenade, von dem man bei guter Küche dem Treiben am Kai zusehen kann.

Konoba Bako, Komiža, Tel. 021/71 30 08. Rustikal eingerichtete Konoba am Strand, in der zwischen Amphoren und musealen Geräten frische Fische, Krebse und anderes Meeresgetier serviert werden.

Mosor-Küste und Makarska-Riviera – traumhafte Strände vor einsamer Gebirgskulisse

Hinter Split ändert sich das Küstenbild erneut. Wieder rücken mächtige Felswände an die Adria heran: zunächst das **Mosor-Gebirge**, das durch die Cetina-Schlucht bei **Omiš** in Poljica und Omiško Primorje unterteilt wird, und ab der Vrulja-Bucht das gewaltige **Biokovo-Massiv**. Während die Gipfel der *Poljica* eine Höhe von knapp 600 m erreichen und genügend Raum für einen schmalen Küstensaum lassen, ragen sie im *Omiško Primorje* bis zu 864 m empor – so jäh und schroff, dass die Küstenstraße sich in schwindelnder Höhe durch die Karstwand arbeiten muss. Schließlich ist der Biokovo erreicht. Stolze 1767 m ragt hier der **Sveti Jure** in den dalmatinischen Himmel. Und da er fast unmittelbar aus dem Meer aufsteigt, wirkt er höher als mancher Dreitausender in den Alpen, der sein Umland nur wenig überragt. Dennoch ist dieses Küstengebirge alles andere als kahl und abweisend. Dichte Pinienwälder hüllen seinen Fuß in herbes Grün. Und trotz des steilen Abbruchs ist Platz für einen Küstenstreifen mit langen Sand- und Kiesstränden – die berühmte **Makarska-Riviera**. Hier reiht sich über 50 km hinweg ein Badeort an den anderen, von **Brela** im Nordwesten bis **Gradac** im Südosten. Bis an den Strand reichen die Pinienwälder, die Städtchen versinken im Grün der Palmwedel, Feigenbäume und Tamarisken. Und über allem erhebt sich die grandiose Kulisse der weißen Felsen.

28 Omiš

Altes Seeräuberstädtchen am Ausgang der Cetina-Schlucht.

28 km südöstlich von Split erstreckt sich das Hafenstädtchen Omiš in einzigartiger Lage am Fuße des *Mosor-Gebirges*. Eng an den Fels geklammert steigen die Häuser am steilen Hang empor, überragt von Kirchtürmen und alten Festungsruinen. Und mittendrin durchbricht die *Schlucht* der *Cetina* das weiße Karstgestein und bahnt sich ihren Weg ins Meer.

Der bereits in römischer Zeit als *Oneum* gegründete Ort erlebte seine größte Blüte im Mittelalter, als Piraten aus dem Neretva-Delta (zwischen Ploče und Neum) die natürliche Festung zwischen Felsen, Fluss und Küste entdeckten und sie zu ihrem wichtigsten Stützpunkt ausbauten. Von hier aus kaperten sie jahrhundertelang Handelsschiffe und machten sogar Venedig tributpflichtig. 1444 schließlich fiel das Piratennest an die Venezianer – unbesiegt allerdings, denn die mächtige Stadtrepublik kaufte es dem letzten ungarisch-kroatischen König Ladislaus von Neapel ab und nutzte es fortan als Bollwerk gegen die Türken.

An die abenteuerliche Vergangenheit von Omiš erinnern noch Teile der Befestigungsanlage, vor allem aber die beiden Burgruinen hoch über der Stadt: die im 13. Jh. erbaute Festung Mirabella (Tvrdjava Mirabella) auf 245 m Höhe und die **Festung Starigrad** (Tvrdjava Starigrad) auf 311 m. Der Aufstieg ist steil, doch die Anstrengung lohnt, denn oben erwartet den Betrachter ein beein-

◁ *Passender Rahmen für einen der schönsten Küstenabschnitte – eingefasst vom mächtigen Biokovo-Massiv, hier bei Brela* (**oben**), *öffnen sich entlang der Makarska-Riviera lange Strände, wie in Makarska* (**unten**).

Omiš

druckender Panoramablick über den Ort und die vorgelagerten Inseln.

Das Städtchen selbst besitzt einige sehenswerte Gotteshäuser, wie die an der Hauptstraße *Pjaca* gelegene Kirche **Sveti Mihovil** (1604–29) mit einem frei stehenden, auf einem separaten Felsen errichteten Turm. Das **Stadtmuseum** (Muzej grada, Ante Starčevići 8, Mo–Fr 10–12, 17–20 Uhr) in einem Renaissancebau nahe Sveti Mihovil präsentiert in seinen archäologischen, historischen und ethnographischen Abteilungen Exponate aus der Region Poljica. Eine besondere Kostbarkeit ist das im 10. Jh. entstandene altkroatische Kirchlein **Sveti Petar** am jenseitigen Ufer der Cetina. Der nur 6 x 11 m große, einschiffige Bau mit Tonnengewölbe und Kuppel zeigt byzantinische Einflüsse und ist eine der schönsten und am besten erhaltenen Kirchen dieser Art.

Die wildromantische **Cetina-Schlucht** bietet hervorragende Wander- und Klettermöglichkeiten. Folgt man der am Südufer des Flusses verlaufenden Straße durch den Canyon, so erreicht man nach 6 km zwischen grünem Wasser, Wald und weißem Fels das Ausflugslokal *Radmanove Mlinice*. Wanderer finden hier mehrere markierte Pfade, die durch das Tal führen, und an den steilen Felswänden bieten sich Routen für Kletterer.

Praktische Hinweise

Information
TZO, Trg kneza Miroslava b. b., Omiš, Tel./Fax 021/86 13 50,
www.dalmacija.net/omis.htm

Hotels
***Brzet**, Brzet 13, Omiš, Tel. 021/75 68 80, Fax 021/75 69 00. Hotel am Meer mit eigenem Strand und angeschlossenem Campingplatz.

***Ruskamen**, Ruskamen b.b., Omiš, Tel. 021/87 14 02, Fax 021/87 14 01, www.hotel-omis.com. Die renovierte Ferienanlage liegt an einem locker bewaldeten Hang 7 km südöstlich von Omiš und bietet einen eigenen Sandstrand mit FKK-Abschnitt.

Sidro, Poljička cesta Golubinka 35, Zlata Šimić, Tel./Fax 021/87 60 66. Sympathische Privatpension mit hellen, sauberen Zimmern und Restaurant in Strandnähe.

Restaurant
Radmanove Mlinice, Tel. 021/86 20 73. Das beliebte Ausflugslokal 6 km außerhalb von Omiš ist in einer alten Mühle untergebracht und mit dem Auto oder dem Boot zu errei-

Das gewaltige Mosor-Gebirgsmassiv reicht bei Omiš fast bis an die Küste heran

chen. Hervorragend sind die frischen Forellen und Lamm am Spieß, aber auch typisch dalmatinische Spezialitäten wie Schinken und Schafskäse. Abends Tanzmusik.

29 Brela und Baška Voda

Seebäder mit langen Kiessträanden.

Kurz vor Brela bietet die Küstenstraße spektakuläre Ausblicke über die Vrulja-Bucht bis hin zur Insel Brač. Dann schlängelt sich die Magistrale hinunter zur Küste, wo eine Tafel den Beginn der **Makarska-Riviera** verkündet, der kroatischen Badeküste par excellence. Auf den nächsten 50 km folgen dann einige der schönsten Badeorte der östlichen Adria mit langen Stränden vor der gewaltigen Kulisse des steil aufragenden Biokovo.

Das erste Seebad der Makarska-Riviera ist das unterhalb der Küstenstraße gelegene **Brela**. Der gepflegte alte Ortskern wird von eleganten Villen und einer schönen Uferpromenade umgeben. Eine gute Auswahl an Hotels sowie lange, von einem dichten Kiefernwald gesäumte Kiesstrände locken zahlreiche Urlaubsgäste an. Besonders bei jüngeren Besuchern beliebt ist der von Kiefern bewachsene Felsen nahe dem lang gezogenen Strand nordwestlich der Ortschaft, von dem man mehrere Meter tief ins Meer springen kann.

Das Seebad **Baška Voda**, nur wenige Kilometer südlich von Brela gelegen, wurde nach der Vertreibung der Türken 1684 nahe einer Quelle gegründet, daher sein Name, der ›Sprudelndes Wasser‹ bedeutet. Mit Pinienwäldern und einem langen Kiesstrand ist der Ort ein beliebtes Ziel der Badeurlauber.

ℹ Praktische Hinweise

Information
TZO, Obala Kneza Domagoja b.b., Tel./Fax 021/61 83 37, www.brela.hr

Hotels
***Berulia**, Frankopanska b.b., Brela, Tel. 021/60 34 44, Fax 021/61 90 05, www.blue sunhotels.com. Einfacher ausgestattetes, im Kiefernwald nahe dem Strand gelegenes Hotel mit Grillrestaurant und Pool.

***Maestral**, Filipinska b.b., Brela, Tel. 021/60 36 71, Fax 021/60 36 88, www.blue

Altkroatische Kirchen

Aus vorromanischer Zeit (7.–11. Jh.) sind im Bereich der dalmatinischen Küste rund 300 Sakralbauten erhalten. Die meisten von ihnen stammen aus der Zeit der **kroatischen Herrscherdynastie** (9.–11. Jh.), die mit der Regentschaft Fürst Trpimirs 852 begann und mit dem Tod von König Stjepan II. 1102 endete. Daher werden sie auch als **altkroatische** Kirchen bezeichnet.

Die Natursteinbauten, festungsartig und weitgehend fenster- und schmucklos, sind eine Weiterentwicklung der **Bujes** – Rundhütten aus trocken aufgeschichtetem Mauerwerk mit gewölbtem Dach, wie man sie noch heute als Schutz- und Gerätehäuschen in den Weinbergen sieht. Charakteristisch für diese frühen Gotteshäuser ist ein runder oder rechteckiger, durch Apsiden erweiterter **Zentralraum**, später treten auch andere Grundrissformen auf wie Kreuzkuppelkirchen und Basiliken.

Der älteste, vollständig erhaltene altkroatische Sakralbau ist die Kreuzkuppelkirche **Sveti Križ** in Nin aus dem 9. Jh. [s. S. 39]. Auch wenn die häufig vertretenen überkuppelten Zentralbauten wie das größte und bedeutendste Gotteshaus dieser Art, **Sveti Donat** in Zadar [s. S. 22], byzantinischem Einfluss zugeschrieben werden, gilt der Typus der altkroatischen Kirchen doch als eigenständige Stilentwicklung. Sie wurde schließlich von der Romanik italienischer Prägung abgelöst, die mit den Venezianern an die Ostküste der Adria kam.

sunhotels.com. Hotelanlage in einem ausgedehnten Kiefernwald mit Restaurant und Café sowie langem Kiesstrand.

***Soline**, Trg Gospe od Karmela 1, Brela, Tel. 021/60 32 07, Fax 021/60 32 08, www. bluesunhotels.com. Großer Hotelkomplex im Kiefernwald, stufenförmig über mehrere Terrassen angelegt. Mit Strand, Hallenbad, Sauna und vielfältigen Sportmöglichkeiten.

Restaurants
Arca, Kneza Domagoja 4, Brela. Am Strand gelegenes Restaurant mit guten Meeresspezialitäten.

29 Brela und Baška Voda

Hier werden Ferienträume wahr – kieferngesäumter Strand von Baška Voda

Galinac, Ribičići. Konoba in der Altstadt mit offenem Kamin und großer Terrasse sowie reichem Angebot an regionalen Spezialitäten.

Katara, Ribičići, Tel. 021/61 84 54. Typische Gerichte der Region bietet die gemütliche Altstadt-Konoba. Organisiert werden auch Fischernächte, traditionelle Feiern mit Musik und Gesang.

Novak, Frankopanska 36, Brela. Restaurant im Zentrum des Orts mit einheimischer und internationaler Küche.

30 Makarska

Geschichtsträchtiges Badeparadies unter Palmen.

Zwischen dem leuchtenden Grün von Pinien und Palmen schmiegt sich die Hafenstadt Makarska harmonisch an den Hang einer weiten Bucht. Davor glitzert verführerisch blau das Meer und dahinter steigt als mächtige Kulisse die weiße Wand des Biokovo empor.

Das bereits in römischer Zeit als *Inaronia* gegründete Makarska blickt auf turbulente Jahrhunderte mit ständig wechselnden Machthabern zurück. Ab dem 7. Jh. gehörte der Ort zum Stammesgebiet der Kroaten und war ein Zentrum der neretvanischen Piraten. Die Regentschaft der kroatischen und ungarisch-kroatischen Könige dauerte bis zum 14. Jh., dann gewann das bosnische Fürstengeschlecht der *Kotromanić* (1324–1463) die Oberhand in der Region. Zwischen 1499 und 1646 war Makarska türkische Garnisonsstadt, 1646–1797 stand sie unter der Oberhoheit der Venezianer. 1797–1918 gehörte der Hafenort zu Österreich, unterbrochen durch ein Intermezzo der Franzosen (1805–13). In der jüngeren Vergangenheit, 1962, richtete ein Erdbeben schwere Schäden an, aus den Trümmern erhob sich Makarska als blühender Urlaubsort.

Belebtes Zentrum von Makarska ist der weite *Kačićev trg*, benannt nach dem heimischen Dichter und Philosophen *Andrija Kačić Miošić* (1704–1760). Seine Statue – 1889 von Ivan Rendić geschaffen – beherrscht auf einem hohen Podest stehend die Platzmitte. An der nördlichen Schmalseite erhebt sich die bescheidene, 1766 vollendete Barockkirche **Sveti Marko** mit einem einfachen venezianischen Glockenturm. Flankiert wird der Kačićev trg von zwei stilvollen Barockpalästen: dem *Palais Ivaniševic* im Osten mit prachtvollem Innenhof und dem *Palais Tonoli* im Westen, in dem heute das

Stadtmuseum (Gradski muzej, Sommer Mo–Fr 9–13 und 18–21, Sa 9–12, sonst Mo–Fr 9–13 und 17–19 Uhr) Quartier bezogen hat. Unterhalb des Platzes führt eine breite Treppe zur Uferpromenade hinab und zum Hafen, von dem aus Fähren nach Brač verkehren.

Östlich vom Zentrum, über die *Marineta* und den *Franjevački put* zu erreichen, liegt das 1614 errichtete **Franziskanerkloster**, das neben einer Kunstgalerie das äußerst sehenswerte **Malakologische Museum** (Malakološki muzej, Mo–Sa 10–12 Uhr) birgt. Dieses besitzt eine der reichsten Muschel- und Schneckensammlungen der Welt. In Schaukästen sind Tausende von Schalentieren aus allen Weltmeeren zu sehen sowie eine kleine Kollektion von Versteinerungen aus den Kalkbergen der Region.

In entgegengesetzter Richtung führt die Uferpromenade zur bewaldeten Halbinsel *Sveti Petar*. Von hier bietet sich ein herrlicher Blick auf die Altstadt und die umliegenden Felsstrände. Der 1500 m lange, von Pinienwald gesäumte kieselige Stadtstrand **Donja Luka** erstreckt sich nordwestlich der Halbinsel, wo sich auch die meisten Hotelanlagen befinden. Noch weiter nordwestlich liegen kleine, von Felsen eingefasste Sandbuchten. FKK-Freunde haben ihr Revier südlich der Stadt am **Nugal-Strand**.

Am Fuß des Biokovo gelegen, bietet sich Makarska für **Wanderungen** in die Gebirgsregion an. Die faszinierende Landschaft rund um den höchsten Gipfel *Sveti Jure* (1767 m), in der Gemsen, Mufflons und Luchse leben und über 2000 Pflanzenarten gedeihen, wurde als **Nationalpark Biokovo** unter Schutz gestellt. Auf markierten Pfaden kann man von den nahe gelegenen Dörfern *Veliko Brdo* und *Makar* aus – Wandererfahrung und zweckmäßige Ausrüstung vorausgesetzt – in ca. fünf Stunden bis zur Bergspitze hinaufsteigen. Wer weniger gut zu Fuß ist, kann von Makarska aus auch bis dicht unter den Gipfel fahren: Die teilweise allerdings eher schlecht ausgebaute

Urlauberherz, was willst Du mehr? Makarska bietet eine palmengesäumte Uferpromenade vor prächtiger Gebirgskulisse

30 Makarska

Strecke führt vom südlichen Ortsausgang zunächst steil bergauf nach *Gornji Tučepi*. Dort zweigt dann links ein schmales Sträßchen ab, das sich in atemberaubenden – und kaum gesicherten – Serpentinen die nahezu senkrechte Wand emporwindet. Unmittelbar vor der Kammhöhe erreicht man die wie auf einem Aussichtsbalkon gelegene Berggaststätte **Vrata Biokova** (Tel. 098/906 40 96). Auf der Terrasse werden Peka-Topf, Käse, Schinken, Wein und selbst gemachter Kräuterlikör serviert. Und weiter geht es durch einsames Hochland, bis die Straße schließlich kurvenreich fast bis zur Spitze des Sveti Jure hinaufklettert.

ℹ Praktische Hinweise

Information

TZG, Obala kralja Tomislava 16, Makarska, Tel./Fax 021/61 20 02, www.makarska.hr

Naturpark Biokovo, Trg Tina Ujevića 1/I, Makarska, Tel./Fax 021/61 69 24, www.biokovo.com. Hier erhält man Informationen über Ausflüge in den Biokovo, über Wanderwege und Berghütten.

Biokovo Active Holidays, Gunduliceva 4, Makarska, Tel. 021/67 96 55, Fax 021/67 96 57, www.biokovo.net. Bietet organisierte Bergtouren.

Hotels

****Meteor**, Kralja Petra Krešimira IV b. b., Makarska, Tel. 021/60 26 00, Fax 021/61 14 19, www.hoteli-makarska.hr. Über mehrere Terrassen angelegtes Hotel am Stadtstrand, 400 m westlich vom Zentrum mit Pool und breitem Sportangebot.

***Dalmacija**, Kralja Petra Krešimira IV b. b., Makarska, Tel. 021/61 57 77, Fax 021/61 22 11, www.hoteli-makarska.hr. Der äußerlich wenig ansprechende Hotelklotz an der Promenade, 800 m westlich vom Zentrum, bietet komfortable Zimmer, einen Pool und eine Marina.

Biokovka, Put Cvitačke 9, Makarska, Tel. 021/60 22 00, Fax 021/61 24 93, www.biokovka.hr. Der Hotel- und Kurkomplex ist nur durch einen schmalen Waldstreifen vom Strand getrennt und bietet Sauna und Fitnesscenter.

Restaurants

Jež, Petra Krešimira IV 90, Makarska, Tel. 021/61 17 41. Restaurant der gehobenen Kategorie mit erstklassiger italienischer Küche.

Konoba Mlinice, Put Mlinica, Makarska, Tel. 021/61 58 89. Traditionelle Taverne mit dalmatinischen Spezialitäten wie

---

Kleine Wiege der Menschenrechte

Im Hinterland von Omiš erstreckte sich einst auf einem rund 250 km² großen Gebiet die **freie Republik Poljica**. Trotz ihrer geringen Größe gelang es ihr durch geschickte Diplomatie, fast 900 Jahre lang im Schnittpunkt konkurrierender Großmächte die Autonomie zu bewahren.

Der Legende zufolge soll die Republik Mitte des 10. Jh. von drei Söhnen des entthronten kroatischen **Königs Miroslav** gegründet worden sein. Erstmals schriftlich erwähnt wurde sie 1102 als autonome Republik unter ungarischer Krone. 1444 unterstellte sie sich der **Oberhoheit Venedigs**, das ihr die volle Autonomie eines freien Fürstentums gewährte. Mit dem Fall der Festung Klis [s. S.76] geriet die Poljica 1573–1699 unter türkische Herrschaft und stellte sich nach Vertreibung der Osmanen wieder unter den Schutz Venedigs. Erst in österreichischer Zeit, ab 1797, wurde die Autonomie eingeschränkt

und unter **französischer Herrschaft** 1807 schließlich ganz aufgehoben.

Die Republik Poljica hatte ihr eigenes Rechtssystem und ihren eigenen, höchst bemerkenswerten Gesetzeskodex, das 1444 in kroatischem Kyrillisch (Bosancica) abgefasste **Poljicer Statut**. Es bestimmte, dass alle wichtigen Entscheidungen von der Volksversammlung zu treffen sind, der die erwachsenen Bürger angehörten, und es schrieb schon damals das Grundrecht auf Leben fest, während im mittelalterlichen Rechtssystem anderer europäischer Nationen Todesstrafe und Folter gang und gäbe waren.

Es ist vermutet worden, dass **Thomas More** von Poljica zu seinem Buch ›Utopia‹ inspiriert wurde, das die Schilderung einer idealen, auf Gemeineigentum beruhenden Gesellschaft zum Thema hat. Die Ausgabe von 1516 zeigte auf der Titelseite vier Zeilen in der Schrift der Utopier, die der Glagoliza ähnlich ist.

31 Tučepi, Igrane und Gradac

Die dalmatinische Küste, hier bei Drvenik, einem Badeort 30 km südlich von Makarska, wird von Gebirgslandschaft und bewaldeten Küstenlinien geprägt

Peka-Topf. Am Wochenende gibt's Lamm am Spieß.

Susvid, Kačićev trg, Makarska, Tel. 021/ 61 27 32. Rustikal mit altem Bauerngerät dekoriertes Lokal am Hauptplatz, das gute dalmatinische Fisch- und Fleischspezialitäten serviert.

31 Tučepi, Igrane und Gradac

Schöne Badeorte südlich von Makarska.

Nur 4 km hinter Makarska liegt bereits der nächste beliebte Badeort, **Tučepi**, der mit einem kilometerlangen Sand- und Kiesstrand, Kiefernwäldern und einer Marina aufwartet. Sehenswert ist die romanisch-gotische Kirche *Sveti Jure* (12./13. Jh.) im alten Zentrum, deren Turm innen mit Weihekreuzen ausgemalt ist. Daneben befindet sich der *Archäologische Park* (Arheoloških park), der mit Resten einer Villa Rustica, eines spätantiken Oratoriums, einer mittelalterlichen Kirche und eines Klosters die Entwicklung des Ortes dokumentiert.

Rund 3 km weiter folgt das in die Küstenwälder eingebettete **Podgora** mit schönem Strand. **Igrane**, ein kleiner Badeort, wartet mit dem wohl bedeutendsten Kulturdenkmal der Makarska-Riviera auf, der vorromanischen, tonnengewölbten Kirche *Sveti Mihovil*, die auf einem Hügel oberhalb des Dorfes thront. 30 km hinter Makarska erreicht man **Drvenik**, den Fährhafen für Sućuraj auf Hvar. Südlichster Ort der Makarska-Riviera ist **Gradac** mit einem der schönsten Strände der östlichen Adria, der sich unweit des Hafens in der Bucht Gornja Vala erstreckt.

Praktische Hinweise

Information
TZO Tučepi, Kraj 46, Tučepi, Tel./Fax 021/62 31 00, E-Mail: tzo-tucepi@st.tel.hr

Hotels
****Afrodita**, Dračevice 35, Tučepi, Tel. 021/60 15 00, Fax 021/60 15 07, www.bluesunhotels.com. Apartmentanlage im mediterranen Stil.

****Alga**, Dračevice 35, Tučepi, Tel. 021/60 10 90, Fax 021/60 12 04, www.bluesunhotels.com. Großer Ferienkomplex direkt am Strand mit Restaurant, Bar, Pizzeria und riesigem Pool.

****Kaštelet**, Dračevice 35, Tučepi, Tel. 021/60 10 88, Fax 021/60 12 04, www.bluesunhotels.com. Kleines, aber sehr feines Hotel in der einstigen, 1776 errichteten Sommervilla des Abtes Grubišić mit exklusiver Taverne.

Rund um die Halbinsel Pelješac – der blühende Garten Dalmatiens und das bezauberndste aller Hafenstädtchen

Kurz hinter Gradac schwenkt die Adria-Magistrale von der Küste weg und verläuft durch karstiges Hügelland am Ufer des *Baćinska jezero*. Zwischen dem See, der Küste und einem Arm der Neretva liegt der Fährhafen **Ploče**. Dahinter öffnet sich das weite, 100 km² große **Neretva-Delta**, ein Sumpfland, das erst um 1900 weitgehend trockengelegt und in einen üppigen Garten verwandelt wurde. Bis heute sind die Marschwiesen und Sümpfe ein Refugium für viele seltene Vogelarten. Die Küstenstadt **Neum** mit den Villen einstiger Parteibonzen aus sozialistischer Zeit ist ein Kuriosum: staatsrechtlich gehört der schmale Meerzugang zur Republik Bosnien-Herzegowina, touristisch gesehen aber zu Kroatien. Mit mildem Klima, üppiger Pflanzenwelt und stillen Buchten setzt sich der süddalmatinische Archipel in Szene. Vom Tourismus wenig berührt ist die gebirgige Halbinsel **Pelješac** mit den Festungsanlagen von *Ston* und traumhaften Stränden bei *Orebić*. Schräg gegenüber leuchtet die Festungsstadt **Korčula** über das Wasser und lockt Besucher auf die gleichnamige Insel. Von dem bezaubernden Hafenstädtchen abgesehen, ist das Eiland nur dünn besiedelt und kaum besucht.

32 Ploče und das Neretva-Delta

Eine gesichtslose Industriestadt und ein Refugium für Wasser- und Zugvögel.

Die auf halber Strecke zwischen Split und Dubrovnik gelegene Hafen- und Industriestadt **Ploče** ist wenig einladend und bietet weder Sehenswürdigkeiten noch Badestrände. Dafür eignen sich die fischreichen Gewässer der nahen Umgebung, der Baćinska jezero (Baćina-See) und das Neretva-Delta, bestens zum Angeln.

Östlich von Ploče erstreckt sich das weit verzweigte Wasserlabyrinth des **Neretva-Deltas** – ein Paradies für zahlreiche Wasser- und Zugvögel. Seit das Sumpfgelände teilweise trockengelegt wurde, ist das weite Flusstal mit seinen blühenden Feldern zugleich der fruchtbare Garten Süddalmatiens. Kurz bevor die Neretva in die Adria mündet, gabelt sie sich in ein rundes Dutzend Arme, die durch zahllose Kanäle weiter aufgegliedert werden. Jahrhundertelang waren die unwegsamen Sümpfe um Ploče Machtzentrum der berüchtigten **Neretvaner**, eines slawischen Stammes, der sich der Seeräuberei verschrieben hatte. Bis nach Omiš erstreckte sich ihr Reich *Paganien* im 9.–13. Jh. und umfasste zeitweise die Inseln Brač, Hvar, Korčula und Mljet. Ende des 14. Jh. gerieten sie unter die Oberhoheit der bosnischen Könige, ihre Macht war gebrochen, und schließlich konnte sich Venedig das Piratenreich einverleiben.

33 Neum

Küstenstädtchen im schmalen bosnischen Korridor.

Kurz hinter dem Badeort *Klek* erreicht man die Grenze zu **Bosnien-Herzegowina**. Für die Transitstrecke durch den nur

Sonniges Farbenspiel – die Altstadt von Korčula in einem märchenhaften Licht (oben). Ferienidyll – in Orebić auf Pelješac findet man noch fast einsame Badeplätze (unten).

99

33 Neum

8 km breiten Korridor, in dem man mit Kuna bezahlen kann, reicht der Personalausweis, ansonsten wird der Reisepass benötigt.

Den heute überwiegend von bosnischen Kroaten bewohnten Korridor überließ die Republik Ragusa (Dubrovnik) im 17. Jh. den Osmanen – als schützende Pufferzone zu den venezianischen Gebieten in Mittel- und Norddalmatien. Als nach dem Zweiten Weltkrieg die Grenzen der jugoslawischen Teilrepubliken festgelegt wurden, blieb das Nadelöhr bestehen und verschaffte Bosnien-Herzegowina somit einen schmalen Zugang zum Meer, der auch 1995 im Abkommen von Dayton festgeschrieben wurde. Während der sozialistischen Ära war Neum beliebte Sommerfrische der Politprominenz, die sich hier ihre Sommervillen errichtete. Daneben entstanden in den 1970er- und 1980er-Jahren einige riesige Hotelburgen.

Praktische Hinweise

Information

TZ Neum, Kralja Tomislava 2, Neum, Tel./Fax 00387/36/88 00 72

Hotels

****Posejdon**, Primorska 61b, Neum, Tel. 00387/36/88 51 12, 00387/36/88 51 16, www.posejdon-neum.com. Das 2005 direkt an der Küste erbaute Hotel bietet freundlich eingerichtete Zimmer und Apartments sowie herrliche Meerblicke.

34 Trsteno

Mediterrane und exotische Pflanzen in einem blühenden Renaissancegarten.

Über den kleinen, in einer tiefen Bucht gelegenen Badeort *Slano* erreicht man das Dörfchen **Trsteno**, das mit einer überraschenden Attraktion aufwartet: dem 3 ha großen **Arboretum Trsteno** (tgl. 8–18 Uhr, Führungen auf Anfrage, Tel. 020/75 10 91), einem Renaissancegarten. Zwischen 1494 und 1502 ließ sich die Dubrovniker Patrizierfamilie *Gučetić* 20 km nordwestlich der Adriametropole eine prachtvolle Sommervilla errichten – mit einem weitläufigen Park voller exotischer Bäume. Obwohl Teile des Arboretums 1991 durch einen Brand zerstört wurden, ist ein Spaziergang durch den Garten ein Erlebnis. Hunderte, teils seltene Baumarten sind hier im milden Klima zu prachtvollen Exemplaren herangewachsen, darunter zwei über 400 Jahre alte Platanen, riesige Palmen und Kampferbäume.

Praktische Hinweise

Information

TZG Dubrovacko primorje, Obala S. Radica 1, Slano, Tel./Fax 020/87 12 36

Aufs Trockene gelegt – das einstige Sumpfgelände des Neretva-Deltas wurde teilweise entwässert und in landwirtschaftlich nutzbare Parzellen aufgeteilt

Hotel

***Osmine**, Put od Osmina b.b., Slano, Tel. 020/87 12 44, Fax 020/87 11 86, www.hotel-osmine.hr. Angenehmes Hotel mit Restaurant, Pool und Sportangeboten zwischen Zypressen direkt am Strand.

35 Pelješac *Plan Seite 102/103*

Einsames Bergland zwischen der längsten Verteidigungsmauer Europas und den Traumstränden von Orebiç.

Die nach Istrien zweitgrößte Halbinsel Kroatiens, Pelješac, misst an ihrer breitesten Stelle zwar nur 7 km, erstreckt sich jedoch auf einer Länge von 70 km wie ein schmaler Schlauch zwischen der dalmatinischen Küste und den Inseln Mljet und Korčula. Mit der französischen Bezeichnung ›Prèsque-isle‹ – Fastinsel – wäre sie treffender beschrieben, denn tatsächlich verbindet sie ein schmaler Landstreifen zwischen Neum und Slano mit der Küste. Von Ploče aus kann man Pelješac auch mit der Autofähre erreichen, die in der Ortschaft Trpanj an der Nordostküste anlegt. Die bereits von Illyrern, Griechen und Römern besiedelte Halbinsel fiel nach dem Untergang des Weströmischen Reiches an Byzanz. Im 9. Jh. wurde sie von neretvanischen Piraten erobert, ab 1333 war sie ein Vorposten der Republik Ragusa, die ihre Salzvorkommen nutzte und Ston zum Kriegshafen ausbaute. Ab dem 17. Jh. gewann durch den Seehandel vor allem das an der Einfahrt zum Pelješkikanal gelegene Orebić an Bedeutung.

Ston

Den engen Isthmus, der Pelješac zur Halbinsel macht, flankieren die beiden Ortsteile Veliki (Groß-) Ston und Mali (Klein-) Ston. Sie wurden ab 1333 als Vorposten Ragusas angelegt, befestigt und durch die längste Verteidigungsmauer Europas quer über die Landenge hinweg verbunden. Zahlreiche Türme, ein Kastell und zwei Bastionen sicherten die 5 km lange Mauer. Durch ein schweres Erdbeben wurde Veliki Ston 1996 zu 60 % zerstört, während Mali Ston fast völlig unbeschädigt blieb. Der mittelalterlichen Befestigung konnte die Naturkatastrophe allerdings nicht allzu viel anhaben, fast der gesamte Wall und etwa 20 Türme sind heute noch erhalten.

Konkurrenz für die Chinesische Mauer – in Ston auf Pelješac befindet sich die längste Verteidigungsmauer Europas

Das als unregelmäßiges Fünfeck angelegte **Veliki Ston** (600 Einw.) ist von einer 980 m langen Mauer umgeben und durch ein wuchtiges, 1357 angelegtes Kastell, **Veliki kaštio**, gesichert. Westlich davon öffnet sich der Hauptplatz *Gradska plaĉa*, den die Kirche **Sveti Vlaho** (St. Blasius) beherrscht. Sie wurde 1870 anstelle eines durch ein Erdbeben zerstörten Gotteshauses aus dem 16. Jh. im neogotischen Stil erbaut. Links dahinter erhebt sich der schlichte **Rektorenpalast** (Knežev dvor), der während der Renaissance errichtet, im 19. Jh. aber erweitert und umgebaut wurde. In nordöstlicher Richtung gelangt man zum 1537 errichteten **Bischofspalast**, dessen *Lapidarium* unter den Arkaden antike und mittelalterliche Steinmonumente präsentiert. Weiter geht es zum **Franziskanerkloster** (Franjevački samostan) mit der 1347 im Übergang von Romanik zu Gotik entstandenen Kirche **Sveti Nikola**. Das Innere birgt bedeutende Kunstwerke, darunter ein bemaltes Kruzifix von *Blaž Trogiranin*. Die mächtige Stadtmauer bietet einen herrlichen Blick über den Ort, kann aber wegen der Erdbebenschäden derzeit nicht bestiegen werden.

Auf einem Hügel außerhalb der Ortschaft erhebt sich eine besondere Kostbarkeit: das im 9. Jh. errichtete und hervorragend erhaltene vorromanische Kirchlein **Sveti Mihovil**. Hoch aufstrebende Mauern, die durch schmale Fenster und schlanke Blendbögen betont werden, verleihen dem Gotteshaus eine schlichte Eleganz. Im Inneren befinden

Pelješac

sich wertvolle frühromanische *Fresken*, die u. a. den Kirchenstifter sowie den hl. Michael zeigen. **Badestrände** findet man am Stonski kanal und in der sandigen Prapratna-Bucht.

Das kleine, von einem rechteckigen Wall umgebene Wehrdorf **Mali Ston** (150 Einw.) ist bekannt für seine Austern- und Muschelzucht, deren frische Ernte in den hier ansässigen Restaurants köstlich zubereitet wird. Nur zu Fuß zu erreichen ist die hoch über dem Ort gelegene, 1335 erbaute Burgruine *Pozvizd*, von der man einen schönen Blick ins Umland genießt.

Inselrundfahrt

Durch fruchtbare Täler zieht sich die Hauptstraße der Länge nach über die Halbinsel – einmal geht es durch Karst und Macchia, dann durch üppige Olivenhaine und Rebgärten. In Dubrava führt ein Abzweig linker Hand nach **Žuljana**, einem kleinen Badeort mit Sand- und Kiesstränden. Hinter Dubrava klettert die Hauptstraße in die streckenweise fast alpinen Berge hinauf. Rechter Hand schlängelt sich ein Sträßchen durch reizvolle Gebirgslandschaft hinab nach **Trpanj**, wo die Fähren aus Ploče einlaufen. Links geht es in steilen Serpentinen zur Südküste hinunter, immer wieder ergeben sich herrliche Blicke auf die *Trstenica-Bucht* mit einem der schönsten Sandstrände Dalmatiens und auf die weißen Hänge des *Sveti Ilija*.

Zu Füßen des 961 m hohen Berges liegt das malerische Hafenstädtchen **Orebić** (2000 Einw.) – benannt nach einer Kapitänsfamilie, die im 16. Jh. das Kastell, aus dem sich der spätere Ort entwickelte, errichten ließ. Mit den Villen pensionierter Adriakapitäne und prachtvollen subtropischen Gärten ist es heute das touristische Zentrum des Pelješac. An die große Vergangenheit als Seehafen – im 19. Jh. besaß die heimische Reederei Pelješac 33 Großsegler – erinnert das **Schifffahrtsmuseum** (Pomorski muzej, Trg Mimbelli, Juni–Sept. Mo–Fr 9–12 und 17–20, Sa/So 17–20 Uhr, sonst Mo–Fr 9–12 Uhr). Hier werden Seekarten, Navigationsgeräte und Schiffsmodelle ausgestellt. Am westlichen Ortsende führt ein steiler Teerweg hinauf zum **Franziskanerkloster** (Mo–Sa 9–12 und 16–18, So 16–18 Uhr) aus dem 15. Jh., dessen schlanker Turm mit den Zypressen um die Wette gen Himmel strebt. Im Inneren der 1486 von *Mihoč Radišić* erbauten Klosterkirche werden Votivbilder mit Segelschiffen sowie ein Ma-

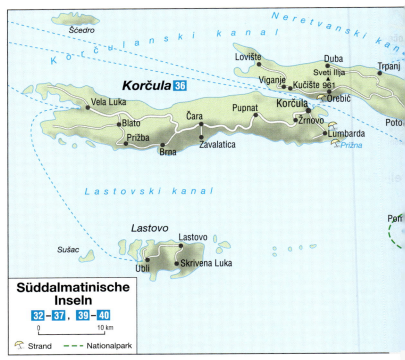

Süddalmatinische Inseln

35 Pelješac

donnenrelief von *Nikola Fiorentinac* präsentiert. Die kleine Loggia vor dem Gotteshaus bietet einen grandiosen Blick hinüber nach Korčula. Auf einem Pfad kann man vom Kloster aus – gute Kondition und die richtige Ausrüstung vorausgesetzt – in etwa vier Stunden den Gipfel des *Sveti Ilija* erreichen.

Hinter Orebić schwingt sich die schmale Straße von Bucht zu Bucht, vorbei an den ebenfalls von üppiger Vegetation verwöhnten Orten *Kučište* und *Viganj*, bis sie schließlich durch das Inselinnere nach *Lovište* führt.

ℹ Praktische Hinweise

Information

TZO Ston, Pelješki Put 1, Ston, Tel./Fax 020/75 44 52, www.tzo-ston.hr.

TZO Orebić, Trg Mimbeli b.b., Orebić, Tel./Fax 020/71 37 18, www.tz-orebic.hr

Hotels

*****Ostrea**, Mali Ston, Tel. 020/75 45 55, Fax 020/75 45 75, www.ostrea.hr. Intimes (9 Zi.), stilvolles Hotel in historischem Stadthaus, herrlich ruhig direkt an der Bucht gelegen. Die Besitzerfamilie Kralj, die im Ort auch das Restaurant Kapetanova Kuća betreibt, gewann u.a. den kroatischen Staatspreis für Gastwirtschaft und Tourismus.

****Bellevue**, Obala pomoraca 36, Orebić, Tel. 020/71 31 48, Fax 020/71 31 93, www.orebic-htp.hr. Das älteste Hotel am Ort – ein roter Bau am Meer – bietet Apartments, Disco, Tennisplätze, Bootsverleih und Surfschule.

****Rathaneum**, Šetalište P. Krešimira IV 107, Orebić, Tel. 020/71 30 22, Fax 020/71 38 80. Etwas außerhalb in Richtung Kučište im Pinienwald gelegenes Haus mit Strand, Anlegestelle und Grillbar.

Restaurants

Bistro Jadran, Orebić, Tel. 020/71 32 43. Das Restaurant an der Uferpromenade serviert Fisch- und Grillgerichte.

Kapetanova Kuća, Mali Ston, Tel. 020/75 42 64. Direkt am Hafen gelegene gemütliche Konoba, bekannt für ihre Austern und Muscheln aus eigener Zucht. Besonders zu empfehlen: Miesmuscheln, Kalamare, Seeteufel und Stoner Torte!

35 Pelješac

Koruna, Mali Ston, Tel. 020/75 43 59. Restaurant vor der Stadtmauer mit hervorragenden Austern, Muschelgerichten und weiteren Meeresspezialitäten.

Kuvenat, Viganj. Idyllisches Restaurant im Klosterhof mit Tischen unter Orangenbäumen.

Pelješki dvori, Orebić. Restaurant mit schöner Terrasse hinter der Promenade. Regionale Spezialitäten und gute Pizza.

36 Korčula *Plan Seite 102/103*

An der Nordostküste von Korčula liegt die kleine Schwester von Dubrovnik, das bezauberndste Hafenstädtchen Dalmatiens.

Weltberühmt durch ihre Festungsstadt gleichen Namens, wird die 47 km lange und bis zu 8 km breite Insel Korčula gern mit Brač und Hvar zum mitteldalmatinischen ›Dreigestirn‹ zusammengefasst. Tatsächlich gehört sie jedoch zu den süddalmatinischen Eilanden und ist eine Fortsetzung der Halbinsel Pelješac, von der sie nur der 1,3 km breite *Pelješki kanal* trennt. Autofähren von Orebić laufen Korčula während der Saison fast stündlich an, und auch die Fähre von Rijeka nach Dubrovnik macht hier Station.

Das außergewöhnlich milde und sonnige Klima der Insel lockte bereits im 6. Jh. v. Chr. griechische Kolonisten an, die sie wegen ihrer dunklen Kiefernwälder *Korkyra melaina* (Schwarze Insel) nannten. 35 v. Chr. mussten sie sich den Römern geschlagen geben. Ihnen folgten die Ostgoten unter Theoderich, die byzantinischen Kaiser, neretvanische Piraten, venezianische Dogen, ungarische Könige und die Herren von Ragusa. Zwischen 1420 und 1797 konnten die Venezianer ihre Vorherrschaft behaupten. Dann wechselten Franzosen, Briten und Österreicher einander ab, 1918–21 schließlich hielt Italien die Insel besetzt.

TOP TIPP Korčula

Hauptattraktion der Insel ist das kleine, an der Nordostküste gelegene Hafenstädtchen Korčula, das aufgrund seiner runden Befestigungstürme häufig als Klein-Dubrovnik bezeichnet wird. Als Kulisse des mittelalterlichen Stadtensembles ragt – jenseits des schmalen Pelješkikanals – der Sveti Ilija steil empor. Doch Korčula fasziniert nicht nur durch seine pittoreske Lage, sondern ebenso durch die planmäßige Anlage: Alle wichtigen Gebäude stehen an der Hauptachse, von der wie Blattrippen die Seitengassen abzweigen, die wiederum so angeordnet sind, dass sie kalte Winterwinde abhalten, kühlende Sommerbrisen hingegen in die Häuser leiten.

Über eine neobarocke Freitreppe, die den Stadtgraben überspannt, und den 1571 in die Wehrmauer eingefügten quadratischen Festungsturm **Veliki Revelin** mit dem integrierten Landtor erreicht man das mittelalterliche Zentrum. Im Turm befindet sich das modern gestaltete Moreška-Museum (Juli–Sept. tgl. 9–21, sonst bis 16 Uhr), das alle Aspekte des Schwertanzes dokumentiert. Der Torinnenseite wurde 1650 zu Ehren des venezianischen Feldherrn *Leonardo Foscolo* ein Triumphbogen vorgeblendet. Direkt hinter dem Veliki Revelin öffnet sich der schmale *Trg Braća Radić*, der auf der linken Seite vom **Rathaus**, einem Renaissancebau aus dem 16. Jh. mit offener Loggia, und auf der rechten Seite von der kleinen, im 17. Jh. entstandenen Kirche **Sveti Mihovila** flankiert wird.

Schnurgerade führt die Gasse hinauf zum *Trg Sveti Marka*, dem Hauptplatz am höchsten Punkt der Altstadt. Dieser wird gesäumt von Adelspalästen, dem Bischofspalast und der mächtigen **Katedrala Sveti Marko** (St. Markus), dem im 14./15. Jh. errichteten, bedeutendsten Bauwerk der Stadt. *Bonino da Milano* schuf 1412 das eher schlichte, von zwei Löwen flankierte *Hauptportal*, dessen Lünette

Wer Korčula erkunden möchte, muss erst diese Treppenanlage erklimmen

36 Korčula

Bilderbuchstädtchen – Korčula fasziniert durch seinen wehrhaften Charakter und das geschlossene mittelalterliche Stadtbild

ein Relief des Kirchenpatrons ziert. Weniger bekannte lokale Meister führten den Bau fort, und der aus Korčula stammende Bildhauer *Marko Andrijić* setzte dem quadratischen Glockenturm seine leichte runde Haube auf. Von ihm stammt auch das filigrane Ziborium (1486) über dem Hauptaltar der dreischiffigen Basilika, während das 1550 geschaffene Altargemälde mit den Stadtpatronen Markus, Bartholomäus und Hieronymus ein Frühwerk des Venezianers *Jacopo Tintoretto* ist. Die barock ausgestattete Kapelle **Sveti Roc** wurde 1525 von *Marko Pavlović* an des Nordschiff angefügt.

Die umliegenden Gebäude beherbergen zwei interessante Museen. Neben der Kathedrale entstand im 17. Jh. der barocke **Bischofspalast** (Opatska palača, Juli–Sept. tgl. 7–19 Uhr, sonst auf Anfrage, Tel. 091/559 76 04), der heute die *Schatzkammer* beherbergt. Präsentiert werden Gemälde einheimischer und venezianischer Meister sowie Skizzen von *Leonardo da Vinci*. Glanzstück der Sammlung ist ein Polyptychon von *Blaž Jurjev Trogiranin*. Gegenüber, in dem im 16. Jh. errichteten *Gabrieli-Palast*, informiert das *Stadtmuseum* (Gradski muzej, Juli–Sept. tgl. 9–21 Uhr, sonst auf Anfrage, Tel. 020/71 14 20) über die Geschichte von Korčula. Breiten Raum nimmt die heimische Schiffsbau- und Steinmetzkunst ein. Neben Schiffsmodellen wird eine mittelalterliche Steinmetzwerkstatt gezeigt. Der angrenzende gotische **Arneri-Palast** besitzt einen schönen Innenhof.

Vom Trg Sveti Marka führt ein ausgeschilderter Weg in nördlicher Richtung zum **Marco-Polo-Haus** (Kućea Marka Pola, Juli–Sept. tgl. 9–21, sonst bis 16 Uhr). Ob der erste Weltreisende Marco Polo (1254–1324) tatsächlich in Korčula geboren wurde, ist eher zweifelhaft, Dokumente, die dies belegen könnten, existieren jedenfalls nicht. Aber derzeit finden umfassende archäologische Ausgrabungen auf dem Gelände statt. Die Ruine lohnt trotzdem einen Besuch, denn von ihrem Turm bietet sich ein weiter Blick über das Dächergewirr der Altstadt. In der Südostecke, direkt an der Stadtmauer, erhebt sich die Anfang des 15. Jh. entstandene, später barockisierte Kirche **Svi Sveti** (Allerheiligen). Besondere Kostbarkeiten in ihrem Inneren sind die schmucke Kassettendecke (1713) von *Tripo Kokolja*, das Polyptychon (1439) von *Blaž Jurjev Trogiranin* und das Ziborium (15. Jh.) mit der geschnitzten barocken Pietà des Österreichers *Raphael Donner*.

Rund um Korčula

Die **Bademöglichkeiten** in Korčula-Stadt beschränken sich auf die eher mittelmäßigen Hotelstrände. Schönere Buchten findet man in Lumbarda und auf den rund 20 vorgelagerten Inseln, die in den

36 Korčula

Auf dem Posten – das Portal von Sveti Marko wird von zwei Löwen bewacht

Sommermonaten regelmäßig von Booten angelaufen werden. Die größte der Inseln, das besonders reizvolle **Badija**, bietet schöne Fels- und Kiesstrände. Außerdem liegt hier ein von Kiefern und Zypressen gerahmtes Franziskanerkloster aus dem 15. Jh., dessen 1477 errichteter Kreuzgang ein vollkommenes Beispiel dalmatinischer Gotik darstellt. Das Kloster dient heute als Sportzentrum.

Im südöstlichen Stadtteil Sveti Antun, über die Straße nach Lumbarda zu erreichen, führt ein Treppenweg hinauf zum Hügel *Glavica*. Von der Kapelle Sveti Antun (15. Jh.) öffnet sich ein grandioser Blick auf die Altstadt.

TOP TIPP 7 km südöstlich von Korčula liegt **Lumbarda** an der Ostspitze der Insel. Der kleine Ferienort mit Hafen und Marina ist weithin bekannt für seinen goldgelben, trockenen Grk-Wein und auch für seine herrlichen Sandstrände in den Buchten *Prižna* und *Bili Žal* – letztere mit vorgelagerten Inselchen.

Von Korčula nach Vela Luka

Durch Zypressenwald windet sich die Inselhauptstraße den Hang hinauf nach **Žrnovo**. Im Ortsteil Postrana kann das Kastell des Humanisten *Jakov Baničević* (1466–1532) besichtigt werden. Und weiter führt die Straße nach **Blato**. Die größte Ansiedlung im Inselinneren ist bekannt für ihr Ritterspiel *Kumpanija*, ein Kampftanz aus 18 Figuren, der noch älter ist als die Moreška [s. S 107] und alljährlich am 23. April ausgetragen wird. Die Fahrt endet in **Vela Luka**, der in einer tiefen Bucht an der Westküste gelegenen Hafenstadt, die von der Fähre Split–Hvar–Lastovo angelaufen wird. Der Ort besitzt eine hübsche Hafenpromenade mit Palmen, Cafés und Restaurants, hat aber ansonsten wenig Charme. Dafür bietet die Umgebung einige **Badebuchten**. Boote verkehren zu den vorgelagerten Inseln *Ošjak* und *Proizd*. Nordöstlich von Vela Luka wurde im Jahre 1974 die Grotte *Vela špilja* entdeckt.

Hinter dem Stadttor von Korčula öffnet sich der kleine Trg Braća Radić, an dem ein Café zum Verweilen einlädt

36 Korčula

ℹ Praktische Hinweise

Information
TZG Korčula, Obala Dr. Franje Tuđmana, Korčula, Tel. 020/71 58 67, Fax 020/71 58 66, www.korcula.net

TZO Vela Luka, Ulica 41 br. 11, Vela Luka, Tel./Fax 020/81 36 19, tzo-vela-luka@du.tel.hr

Hotels
***Bon Repos, Korčula, Tel. 020/72 68 80, Fax 020/72 66 99. 2 km außerhalb der Ortschaft gelegener Komplex mit mehreren flachen Sand- und Kiesstränden, Apartments, Sportmöglichkeiten.

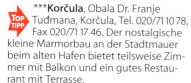*****Korčula**, Obala Dr. Franje Tuđmana, Korčula, Tel. 020/71 10 78, Fax 020/71 17 46. Der nostalgische kleine Marmorbau an der Stadtmauer beim alten Hafen bietet teilsweise Zimmer mit Balkon und ein gutes Restaurant mit Terrasse.

***Liburnia, Šetalište F. Kršinića b.b., Korčula, Tel. 020/72 60 06, Fax 71 17 46. Gegenüber der Altstadt gelegenes Hotel mit kleinem Fels- und Kiesstrand sowie Sportangeboten. Boote fahren zum Zentrum und auf die FKK-Insel Stupe.

**Adria, Plitvine b.b., Vela Luka, Tel. 020/81 27 20, Fax 020/81 27 40, www.humhotels.hr. Weißer Komplex in einer Bucht 3 km westlich der Ortschaft mit eleganter Ausstattung, großer Terrasse, Disco, Sportanlagen und modernem Therapiezentrum. Bootstransfer zur Stadt.

Restaurants
ACI Marina, Korčula, Tel. 020/71 16 61. Sehr gutes Restaurant im Jachthafen mit Fischspezialitäten und schönem Blick auf Altstadt und Hafen.

Adio Mare, Korčula, Tel. 020/71 12 53. Rustikale Konoba im Kellergewölbe beim Marco-Polo-Haus mit Terrasse und köstlichen Spezialitäten der Insel.

Kanavelić, Ul. Sv. Barbare, Korčula, Tel 020/71 18 00. Nobles Gourmetlokal in den Mauern des Kastells mit romantischer Terrasse.

Konoba Zure, Lumbarda, Tel. 020/71 20 08. Sympathisches Lokal mit romantischer Terrasse. Bartul ist Fischer und serviert nur, was er selbst fängt oder produziert. Dafür ist alles sehr frisch, hervorragend zubereitet und preisgünstig.

Alte Traditionen neu belebt – während der Saison wird der wilde Säbeltanz für die Touristen aufgeführt

Moreška – der wilde Säbeltanz von Koraula

Seit nunmehr fast 400 Jahren findet in Korčula im Rahmen des Festtages für den **Stadtheiligen Sveti Theodor** (29. Juli) eine große Moreška-Aufführung statt. Das farbenprächtige **Ritterspiel** – in sieben akrobatischen Tanzformationen wird mit scharfen, funkensprühenden Säbeln gefochten – geht auf das 15. Jh. und die Zeit der Türkeneinfälle zurück.

In den riskanten Zweikämpfen streitet der ›weiße‹ (rot kostümierte) **König Osman** um seine Braut Bula, die der ›schwarze‹ (schwarz kostümierte) **Königssohn Moro** entführt hat. Moro ist der Anführer der in türkischen Diensten stehenden Mauren, Osman hingegen vertritt das **christliche Abendland**. Zum dumpfen Klang der Trommel wird in streng vorgeschriebenen Figuren mit klirrenden Säbeln gefochten. **Bula** bittet in einem dramatischen Dialog um Frieden, doch der Kampf geht weiter, bis die ›Schwarzen‹ sich geschlagen geben und Osman seine Braut zurückgewinnt.

Die Moreška wird während der Saison an verschiedenen Stellen der malerischen Altstadt wiederholt. Weitere Informationen über die Geschichte und die Entwicklung des Spektakels liefert das Moreška-Museum im Festungsturm Veliki Revelin.

Dubrovnik und seine Inselwelt – die Perle der Adria und subtropische Eilande

Die Hafenstadt **Dubrovnik** erhebt sich in pittoresker Lage auf einem dreiseitig vom Meer umspülten Felsen. Mit kulturhistorischen Schätzen von Weltrang und mediterranem Charme reich gesegnet, ist sie ein äußerst faszinierendes Reiseziel und darüber hinaus Sprungbrett zu den subtropischen Naturparadiesen vor der Küste. Nahe dem Festland erstreckt sich der **südlichste Archipel** Dalmatiens. Wie Smaragde im Blau der Adria erscheinen die von einer üppig grünen Vegetation geprägten Inseln. Hier gedeihen Aleppokiefern, Flaumeichen, Lorbeerbäume und Erdbeersträucher, Orangen-, Zitronen- und Johannisbrotbäume. Und natürlich laden malerische Buchten zum Baden ein. Zwischen Dubrovnik und der Halbinsel Pelješac liegt die Kette der **Elaphitischen Inseln**, die nur der schmale *Kološepski kanal* vom Festland trennt. Zu den drei bewohnten der 13 autofreien Eilande, Šipan, Lopud und Kološep, pendeln Personenfähren von Dubrovnik – die übrigen sind das Revier der Freizeitkapitäne. Weiter draußen im Meer liegt die Insel **Mljet**. Sie ist berühmt für ihre üppige und ursprüngliche Natur, für den Nationalpark mit romantischen Salzseen und einem paradiesisch gelegenen, alten Kloster – und doch wird sie bislang fast nur von Tagesausflüglern besucht.

37 Dubrovnik *Plan Seite 110*

»Diejenigen, die das Paradies auf Erden suchen, sollten nach Dubrovnik kommen.« George Bernard Shaw

Der unbestrittene Touristenmagnet an der dalmatinischen Küste ist Dubrovnik. Die als ›Perle der Adria‹ weithin gerühmte Stadt besticht durch ihre zyklopischen Befestigungsmauern und zahlreiche mittelalterliche Kirchen, Klöster und Patrizierpaläste – ein Gesamtkunstwerk, das in Europa seinesgleichen sucht. Die dem UNESCO Weltkulturerbe Anfang der 1990er-Jahre durch serbischen Beschuss zugefügten Wunden sind längst verheilt und die Perle zeigt sich wieder in altem Glanz.

◁ *Glanzvoller Auftritt – auf dem Stradun zeigt sich die Altstadt von Dubrovnik von ihrer schönsten Seite, im Hintergrund erhebt sich der Uhrturm von 1444*

Geschichte 605 eroberten Awaren mit Hilfe der von ihnen unterworfenen Slawen *Epidaurum*, das heutige Cavtat. Die Überlebenden flüchteten sich auf einen nur wenige Kilometer nordöstlich gelegenen mächtigen Felsen, der durch einen Wasserarm vom Festland abgetrennt war und mit seinen senkrechten Wänden Schutz bot. Sie nannten ihre neue Heimat **Ragusa** und trieben Handel mit den Slawen, die sich gegenüber am Fuße des Berges Srd ansiedelten und ihren Ort **Dubrava** tauften. Schnell wuchs das formell zu Byzanz gehörende Ragusa. Mit dem allmählichen Verfall des Oströmischen Reiches übernahmen um 1100 Bürgerräte die Führung der autonomen Stadtrepublik. Sie beschlossen um 1150, den Meereskanal zuzuschütten und sich mit dem slawischen Dubrava zusammenzuschließen.

Die Ragusaner verstanden es in der Folge, die bedrohliche Lage am Schnittpunkt zwischen Orient und Okzident zu

Dubrovnik

Mittelalterliches Schmuckkästchen – die überaus prächtigen Kirchen, Klöster und Paläste von Dubrovnik werden von einer hohen, schützenden Stadtmauer eingefasst

ihrem Vorteil zu nutzen. Durch geschickte Diplomatie machten sie sich zum **Mittler** zwischen den konkurrierenden Mächten, und ihre Stadt wuchs zur wirtschaftlichen Drehscheibe heran. Im Jahr 1204 wurde Byzanz von **Venedig** erobert, ein Jahr später geriet Ragusa unter venezianische Herrschaft. Die Hafenmetropole sicherte sich jedoch etliche Freiheiten, die nach 1358, als sie dem ungarisch-kroatischen Reich zugeschlagen wurde, noch ausgebaut werden konnten. Am 29. August 1526 schließlich – der ungarisch-kroatische *König Wladislaw II.* war be-

37 Dubrovnik

siegt, sein Reich zerfallen – schlug die Stunde der nun mit allen Attributen staatlicher Souveränität ausgestatteten **Freien Stadtrepublik Ragusa**. Ihre Blüte als wirtschaftliches und kulturelles Zentrum der südöstlichen Adria währte bis weit ins 17. Jh.

Obwohl Ragusa immer wieder einmal belagert wurde, ist es keinem Angreifer je gelungen, seine Bollwerke einzureißen. Das war übermenschlichen Kräften vorbehalten: Am 6. April 1667 verwüstete ein *Erdbeben* die Stadt. Nur etwa 500 der damals rund 20 000 Einwohner überlebten die Katastrophe. Unter exakter Einhaltung der ursprünglichen Bebauung wurde Ragusa neu errichtet. So gelang es zwar, das mittelalterliche Stadtbild wieder erstehen zu lassen, nicht jedoch den früheren Reichtum und Glanz. Am 31. Januar 1808 wurde alle Regierungsgewalt dem französischen Generalkonsul *Bruère* übertragen, und die stolze Stadtrepublik erlosch. Durch die Niederlage Napoleons gelangte sie 1814/15 zum österreichisch-ungarischen Königreich. Nach dem Ende des Zweiten Weltkrieges wurde Ragusa, das seit 1918 Dubrovnik heißt, Teil von Titos Vielvölkerstaat Jugoslawien. In den Jahren 1991/92 belagerten die Serben die ›Perle der Adria‹ und beschossen sie am 6. Dezember 1991 mit Granaten. Noch 1992 begann man mit der Beseitigung der Kriegsschäden, die Arbeiten in der Altstadt sind inzwischen abgeschlossen.

Besichtigung Das von einem starken Bollwerk umgebene historische Zentrum von Dubrovnik besitzt nur zwei landseitige Zugänge, einen im Westen und einen im Nordosten. Eindrucksvoller als durch das gewaltige, auf der Westseite gelegene **Pile-Tor** ❶ (Pile vrata) kann der Rundgang durch die Altstadt kaum beginnen. Man durchschreitet zunächst das 1537 errichtete Außentor, dann das ältere Innentor (1460). Über beiden Toren wacht, eingelassen in eine Mauernische, je eine von *Ivan Meštrović* geschaffene Statue des Schutzheiligen von Dubrovnik, Sveti Vlaho (hl. Blasius), der ein Modell der Stadt in Händen hält.

Stadtbefestigung

Noch vor dem Eintauchen in die Gassen sollte man das mittelalterliche Häusergewirr von oben betrachten, bei einem Spaziergang auf der **Stadtmauer** ❷ (Gradske zidine, Mai–Okt. tgl. 9–18 Uhr, Nov.–April tgl. 9–15 Uhr), die sich schützend

Tor in eine andere Welt – nach dem Durchschreiten des altehrwürdigen Pile-Tores findet man sich im mittelalterlichen Gassengewirr wieder

rings um das kulturhistorische Juwel legt. Die Umrundung der Altstadt gehört zu den Höhepunkten eines Dubrovnik-Besuchs. Insgesamt gibt es drei Zugänge, am zentralsten ist der unweit des Pile-Tors.

Die Befestigungsanlage mit drei runden und zwölf viereckigen **Wehrtürmen** sowie vier **Forts** erstreckt sich über eine Länge von insgesamt 1954 m, ist bis zu 25 km hoch und 6 km stark. In ihrer heutigen Form stammt sie zum Großteil von Baumeister *Juraj Dalmatinac*, der sie Ende des 15. Jh. ausbaute. In der Nordwestecke, an der höchsten Stelle des Festungsrings, erhebt sich das **Fort Minčeta** ❸ (Tvrdava Minčeta), dessen Turm einen überwältigenden Blick über die Altstadthäuser bietet. Schlendert man von hier über das Pile-Tor hinweg, erreicht man das **Fort Bokar** ❹ (Tvrdava Bokar), das die Nordwestseite von Dubrovnik bewacht.

In südlicher Richtung geht es über die mit dem Fels verwachsene, senkrecht ins

111

37 Dubrovnik

Meer abstürzende Mauer bis zum *Margarethenturm*. Wie der gewaltige Rammsporn eines Kriegsschiffes schiebt sich das **Fort Sveti Ivan** ❺ (Tvrđava Sveti Ivan) in die Adria hinaus und bewacht die Einfahrt in den Alten Hafen. In der Festung ist heute das *Schifffahrtsmuseum* (Muzej pomorstva, Tvrčava Sv. Ivana, Sommer tgl. 9–18, Winter 9–14 Uhr) untergebracht, das mit historischen Schiffsmodellen, Frachtbriefen und anderen maritimen Exponaten über die Geschichte der See- und Handelsmacht Ragusa informiert. 1997 wurde im Erdgeschoss ein *Aquarium* (Akvarij, tgl. 9–18 Uhr) eröffnet, das in 27 Becken die Vielfalt der adriatischen Flora und Fauna präsentiert.

Auf der Landseite, direkt gegenüber von Fort Sveti Ivan, erhebt sich das **Fort Revelin** ❻ (Tvrđava Revelin) über den Alten Hafen, durch den einst der Reichtum in die Stadt floss. Heute schaukeln hier

Lebensquell – der große Onofriobrunnen stellte jahrhundertelang die Wasserversorgung Dubrovniks sicher

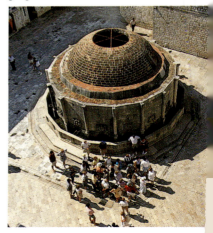

37 Dubrovnik

Gleich hinter der Stadtmauer weitet sich der Stradun zu einem kleinen Platz, der fast vollständig von dem 1438–44 geschaffenen **Großen Onofriobrunnen** ❾ (Velika Onofrijeva Česma) eingenommen wird. Er wurde nach seinem Erbauer, dem Neapolitaner *Onofrio della Cava*, benannt. Die mit 16 Wasserspeiern ausgestattete kuppelgedeckte Brunnenanlage, die beim großen Erdbeben 1667 ihren Figurenschmuck einbüßte, ist sommerlicher Treffpunkt der Jugend. Direkt gegenüber liegt die kleine, 1520 errichtete Erlöserkapelle **Sveti Spas** ❿, deren Fassade eine prächtige gotische Fensterrose ziert. Das ganz im Stil der Renaissance gehaltene einschiffige Innere wird heute für Ausstellungen genutzt.

Nur durch einen schmalen Durchgang von der Kapelle getrennt, schließt sich das **Franziskanerkloster** ⑪ (Mala braća) mit der großen Franziskanerkirche an. Die 1317 begonnene Anlage bezaubert durch ihren üppig begrünten *Kreuzgang* mit filigranen Doppelsäulen und maskenverzierten Kapitellen, ein besonders eindrucksvolles Zeugnis der mittelalterlichen Steinmetzkunst. Durch den Kreuzgang gelangt man zum **Klostermuseum**

Links: *Perle der Adria – Dubrovnik ist die Schönste unter den zahlreichen schönen Küstenstädten Dalmatiens.*
Unten: *Die richtige Mischung macht's – in der alten Apotheke des Franziskanerklosters wurden einst die Hausmittelchen der Mönche gemixt*

nur noch kleine Fischer- und Sportboote. Dort, wo eine 1449 über den Stadtgraben gespannte *Brücke* die Wehrmauer mit dem außerhalb ihres Ringes gelegenen Fort Revelin verbindet, öffnet sich das 1450 von *Simeon della Cava* erbaute und im 19. Jh. erweiterte **Ploče-Tor** ❼ (Vrata od Ploče), von dem aus man erneut die Stadtmauer erklimmen kann.

Stradun und Umgebung

Die Hauptschlagader des historischen Zentrums ist der **Stradun** ❽ (Placa), der sich vom Pile-Tor schnurgerade durch die gesamte Altstadt zieht und auf der Placa Luža am Alten Hafen endet. Die Steinplatten des beliebten Korso wurden von Millionen Füßen so glatt gelaufen, dass er wie eine spiegelnde Wasserfläche wirkt. Tatsächlich ist er der zugeschüttete Meereskanal, der die Fluchtburg Ragusa einst vom Festland trennte.

113

37 Dubrovnik

Überragend – aus dem Häusergewirr der Altstadt ragen Sveti Vlaho (vorne rechts) und die Kathedrale (hinten rechts) heraus, links der Uhrturm

(April–Okt. tgl. 9–18 Uhr, Nov.–März tgl. 9–17 Uhr). Neben der Bibliothek mit seinen über 20 000 wertvollen Handschriften birgt es die im Originalzustand erhaltene Klosterapotheke aus dem Jahr 1317, eine der ältesten Europas.

Auf der anderen Seite des Stradun, hinter dem Großen Onofriobrunnen, erhebt sich das direkt an die Stadtmauer gebaute **Klarissinnenkloster** ⓬ (Samostan Sveta Klara), das Ende des 13. Jh. gegründet und nach dem Erdbeben von 1667 wieder aufgebaut wurde. Der idyllische Kreuzgang lädt zur erfrischenden Erholungspause ein, denn zwischen den grün umrankten Arkaden hat ein Café seine Sonnenschirme aufgespannt.

Balanceakt – wer Gleichgewichtssinn hat, darf sich etwas wünschen

Ein Kopf voller Wunder

An der zum Stradun weisenden Langhausseite der franziskanischen **Klosterkirche** entdeckt man rechts neben dem prachtvollen Portal in Kniehöhe einen aus der glatten Wand ragenden **Reliefkopf** eines Fabelwesens. Wer den nicht ganz einfachen Balanceakt schafft, mit beiden Beinen, dem Gesicht zur Wand und ausgebreiteten Armen auf der schmalen Konsolfläche des Kopfes zu stehen, dessen Wunsch geht in Erfüllung. Die Dubrovniker schwören jedenfalls auf ihren wundervollen Kopf, der, wie die starken Abnutzungen erkennen lassen, seit Generationen rege genutzt wird.

Rund um die Placa Luža

Vorbei an zahlreichen Geschäften, Bars und Cafés führt der Stradun zur *Placa Luža*. Schon von weitem fällt der schlanke, 1444 erbaute **Uhrturm** ⓭ (Zvonik) ins Auge, der mit einer Höhe von 31 m die Ostseite des Platzes dominiert. Hier, im Zentrum der Altstadt, herrscht von früh bis spät ein buntes Treiben. Eine hohe Säule mit der Figur des *Ritters Roland*, im Mittelalter Sinnbild jeder freien Handelsstadt, markiert die Mitte des Platzes. Eine breite Freitreppe auf der Südseite führt hinauf zur verspielten Barockfassade von **Sveti Vlaho** ⓮ (St. Blasius), der im 18. Jh. anstelle eines abgebrannten Vorgängerbaus errichteten Kirche des Stadtpatrons. Im Inneren wird eine hochverehrte vergoldete Statue des hl. Blasius aus dem

37 Dubrovnik

15. Jh. aufbewahrt. Links neben dem Uhrturm öffnet sich das kleine, spitzbogige Seetor und führt hinaus zum *Alten Hafen*, rechts schließt sich der neogotische Ratspalast an. In einer Nische plätschert der **Kleine Onofriobrunnen** ⑮ (Mali Onofrijeva Fontana), der seinen filigranen Zierrat, im Gegensatz zu seinem großen Bruder, bis heute bewahren konnte. Doch stammen die 1438 geschaffenen Reliefplatten des Beckens und die Wasserspeier des Brunnenaufsatzes vermutlich gar nicht von Onofrio della Cava, sondern von dem Mailänder *Pietro di Martino*.

Im Norden beschließt der stattliche **Palača Sponza** ⑯ das Architekturensemble der Placa Luža. Der 1516–22 errichtete Bau – ursprünglich als Münze und Warenlager geplant, später als Zollamt und Gefängnis genutzt – vereint harmonisch Elemente der Spätgotik und der Renaissance. Seine *Fassade* besticht durch eine fein verzierte offene Arkadenhalle im Erdgeschoss und filigrane Maßwerkfenster im Obergeschoss.

Vorbei am Sponza-Palast erreicht man das **Dominikanerkloster** ⑰ (Dominikanski samostan), das die Nordostecke der Altstadt einnimmt. Da die Abtei bei Baubeginn 1310 noch außerhalb der Stadtmauer lag, wurde sie festungsartig ausgebaut. Im Kontrast zu ihrem wehrhaften Charakter steht der wunderbare *Kreuzgang* mit seinen weiten Arkaden. Über den Kreuzgang betritt man den Kapitelsaal und die anschließende Sakristei mit dem **Klostermuseum** (April–Okt. tgl. 9–18 Uhr, Nov.–März tgl. 9–17 Uhr). Neben

37 Dubrovnik

Café mit Aussicht – von der leicht erhöhten Terrasse des Gradska Kafana hat man die stets belebte Placa Luža bestens im Blick

alten Handschriften und liturgischem Gerät werden Werke dalmatinischer Renaissance-Meister gezeigt.

Ein kurzer Spaziergang führt zurück zur Placa Luža und weiter zum **Rektorenpalast** ⑱ (Kneževdvor), der eine herausragende Stellung in Dubrovniks Geschichte einnimmt. Der 1435–51 von *Onofrio della Cava* errichtete Sitz des Großen und Kleinen Rats erfuhr beim Erdbeben 1667 starke Beschädigungen, wurde aber originalgetreu wieder aufgebaut. In der Vierflügelanlage, die sich um einen offenen Arkadenhof gruppiert, residierte der vom Großen Rat jeweils für die Dauer eines Monats gewählte Rektor.

TOP TIPP In den oberen Stockwerken ist heute das **Dubrovniker Stadtmuseum** (Dubrovački muzeji, Pred dvorom 3, Sommer tgl. 9–18, Winter tgl. 9–14 Uhr) untergebracht. Gezeigt werden alte Münzen und Maße, Fayencen, Sänften, historische Waffen und wertvolle Gemälde. Herzstück des Palastes ist das ganz in Rot gehaltene *Kabinett* des Rektors. Der für seine Akustik gerühmte Innenhof dient in den Sommermonaten als Kulisse für Konzerte.

Schräg gegenüber erhebt sich die **Katedrala Sveti Gospa** ⑲ (Mar ä Himmelfahrt, Mo–Sa 8–12 und 15–17.30. So 11–17.30 Uhr). Der Legende nach soll sie von *Richard Löwenherz*, der 1192 auf dem Rückweg vom 3. Kreuzzug Schiffbruch erlitt und auf der Insel Lokrum vor der Küste Dubrovniks strandete, aus Dankbarkeit über seine Rettung gestiftet worden sein. 1667 wurde der Sakralbau durch das Erdbeben zerstört und anschließend auf kreuzförmigem Grundriss und kuppelgekrönt barock wieder aufgebaut. Das **Innere** beeindruckt durch seine kolossale Raumwirkung. Ein Gemälde von *Tizian*, die 1552 geschaffene ›Himmelfahrt Mariä‹, die den Hauptaltar schmückt, gehört

Der idyllische Kreuzgang des Dominikanerklosters lädt Besucher zum Verweilen ein

116

37 Dubrovnik

Ein echter Blickfang – die Fassade des Rektorenpalasts mit ihrer rundbogigen Arkadenreihe am östlichen Ende des Stradun

zu den bedeutendsten Kunstschätzen der Kathedrale. Darüber hinaus hütet die **Schatzkammer** eine aus 138 Einzelstücken bestehende Reliquiensammung,

In den Seitengassen des Stradun warten gemütliche Restaurants auf Gäste

darunter auch eine Hand- und eine Schädelreliquie des Dubrovniker Schutzpatrons St. Blasius.

Südliche Altstadt

Vis-a-vis vom Rektorenpalast führt die Gasse *Od Puca* zum nahen **Gundulićeva poljana** 20, dem Marktplatz von Dubrovnik. Auf einem hohen Sockel in der Mitte des Platzes stehend, betrachtet der einheimische Dichter *Ivan Gundulić* das lebhafte Treiben gelassen von oben. Am südlichen Rand der Altstadt erhebt sich die Jesuitenkirche **Sveti Ignacijo** 21 (St. Ignatius) über einer barocken Freitreppe. Das erdbebenzerstörte Dubrovnik wurde Ende des 17./Anfang des 18. Jh. von jesuitischen Architekten nach alten Plänen wieder aufgebaut. Nur an einem Ort wichen sie von der ursprünglichen Bebauung ab, dort, wo sich nun der gewaltige Ordenssitz erhebt. Zwischen 1699 und 1735 entstand nach den Entwürfen des römischen Baumeisters *Andrea Pozzo* eine der größten Barockkirchen Dalmatiens. Besonders im einschiffigen **Inneren**, das

37 Dubrovnik

Mit ihrer schwungvollen Fassade und der großen Kuppel dominiert die barocke Katedrala Sveti Gospa den Placa Luža und die benachbarten Gebäude

von einem Tonnengewölbe überspannt wird, zeigt sich das Vorbild der großen Jesuitenkirche Il Gesù in Rom. Eindrucksvolle *Fresken*, die zu den ersten Beispielen der ›Jesuitenmalerei‹ in Europa gehören, schildern das Leben und Wirken des Ordensgründers *Ignatius von Loyola*.

Von der Sveti Ignacijo bietet sich noch ein Abstecher zu den alten *Getreidespeichern* der Stadt an. Man erreicht sie über die *Strosmajerova* in nordwestlicher Richtung. Im größten der insgesamt 15, im 16. Jh. in den Fels gemeißelten Vorratssilos hat sich das **Museum Rupe** 22 (Muzej Rupe, Sommer tgl. 9–18, Winter tgl. 9–12 Uhr), eine ethnographische Sammlung, eingerichtet. Es gewährt einen Einblick in das ländliche Leben Süddalmatiens von der Antike bis zum Mittelalter.

Sommerfrische Lokrum

Wer dem städtischen Trubel entfliehen möchte, der nimmt vom Alten Hafen das Taxiboot zu Dubrovniks Sommerfrische, dem direkt vor der Küste gelegenen winzigen **Lokrum**. Neben schönen Badebuchten und Spazierwegen erwarten den Urlauber auf der bewaldeten Insel ein 1023 gegründetes Benediktinerkloster, das auf dem höchsten Gipfel erbaute Fort Royal sowie ein 1859 errichtetes Schlösschen. Ein Badeparadies für Kinder ist das ›Tote Meer‹ von Lokrum, ein kleiner, flacher und warmer Salzsee.

ℹ Praktische Hinweise

Information

TZG (Stadt-Information), Cvijete Zuzoric 1/II, Dubrovnik, Tel. 020/32 38 87, Fax 020/32 37 25, www.tzdubrovnik.hr
TZŽ (Region Dubrovnik-Neretva), Cvijete Zuzoric 1/I, Dubrovnik, Tel. 020/32 49 99, Fax 020/32 42 24, www.visitdubrovnik.hr

Hotels

*******Grand Villa Argentina**, Put Frana Supila 14, Dubrovnik, Tel. 020/44 05 55, Fax 020/43 25 24, www.gva.hr. Nur 800 m vom Zentrum in einem Park des Stadtteils Ploče gelegenes Hotel mit schönem Blick auf Altstadt und Alten Hafen, mit Pool, Hallenbad und Restaurant. Lift zum Hotelstrand, Bootstransfer zur Altstadt.

***Grand Hotel Park**, Šetalište kralja Zvonimira 39, Dubrovnik, Tel. 020/43 44 44, Fax 020/43 48 85, www.grandhotel-park.hr. Strandnahes, komfortables Ferienhotel in einer Parklandschaft mit schönem Pool und Blick auf die Bucht; Busse zur Altstadt.

***Zagreb**, Šetalište kralja Zvonimira 27, Dubrovnik, Tel. 020/43 61 46, Fax 020/43 60 06, www.hotels-sumratin.com. Kleines Haus auf der Halbinsel Lapad in behaglichem Palazzo mit reizvollem Garten und Terrasse nahe dem Sandstrand.

Restaurants

Atlas Club Nautica, Brsalje 3 (gegenüber Pile-Tor), Dubrovnik, Tel. 020/44 25 26. Eines der besten Restaurants der Stadt mit romantisch barockem Ambiente und überwältigendem Blick auf die Hafenbucht.

Maestoso, Hvarska b.b., Dubrovnik, Tel. 020/42 09 86. Das beim Fort Revelin gelegene Restaurant mit überdachter Terrasse bietet einen herrlichen Hafenblick und gute dalmatinische Küche.

Ragusa 2, Zamanjina 12, Dubrovnik, Tel. 020/32 12 03. Traditionsreiches Altstadt-restaurant mit guter dalmatinischer und Dubrovniker Küche.

Café

Gradska Kafana, Plaza Luža, Dubrovnik, Tel. 020/44 06 83. Eines der schönsten Cafés in Dubrovnik, in welchem man nicht nur zwischen hervorragend zubereiteten dalmatinischen Gebäck, sondern auch zwischen der belebten Terrasse zur Placa Luža hin oder der stillen Seeterrasse wählen kann.

38 Cavtat

Malerisches Ferienstädtchen am Rande der ›Toskana Dalmatiens‹.

Etwa 15 km südlich von Dubrovnik, jenseits der weiten Bucht *Župski zaljev*, liegt Cavtat (2000 Einw.) auf einer bewaldeten Landzunge. Der bereits in der Antike unter dem Namen *Epidaurum* besiedelte Ort wurde im 7. Jh. von Slawen und Awaren zerstört. Seine Bewohner flüchteten und ließen sich auf einer Felseninsel am anderen Ende der Bucht nieder [s. S. 109]. Das heutige Cavtat ist eine Gründung des 15. Jh. Die malerische Altstadt, eine traum-

Markttreiben – auf dem Gundulićeva poljana herrscht allmorgendlich reges Treiben

hafte Uferpromenade und schöne Strände haben das Städtchen zu einer Touristenattraktion gemacht.

Am nordöstlichen Ende der Uferpromenade *Obala A. Starčevića* erhebt sich der 1558 entstandene **Rektorenpalast** (Knežev dvor), hinter dessen schmucker Renaissancefassade einst der Statthalter aus Ragusa residierte. Heute hat hier das **Stadtmuseum** (Zbirka Baltazara Bogišiča Hazu, Obala 18, tgl. 9.30–13 Uhr) Quartier bezogen. Neben volkskundlichen Exponaten gehört die wertvolle, aus 10 000 Blättern bestehende Grafikkollektion des Historikers *Baltazar Bogišić* zu den Beständen. Die benachbarte spätmittelalterliche Bischofskirche **Sveti Nikola** (St. Nikolaus) erhielt nach Erdbebenschäden 1732 ein barockes Äußeres. Sehenswert sind die alten Meister in der Pinakothek. In der nahen Ulica Bukovac kann das Geburtshaus des kroatischen Malers *Vlaho Bukovac*, in dem sich heute eine Galerie mit Werken des Künstlers befindet, besichtigt werden. Ein Spaziergang entlang der Uferpromenade führt in südwestlicher Richtung zum **Franziskanerkloster**

38 Cavtat

Südlich von Dubrovnik schmiegt sich das Küstenstädtchen Cavtat an eine weite Bucht

mit seiner 1490 errichteten Kirche **Gospa od snijega** (Schneemadonna). Ihre Seitenkapelle bewahrt mit dem ›Michaels-Polyptychon‹ von *Lovrin Dobrićević* eines der schönsten Altarbilder Dalmatiens. Beim Kloster beginnt ein Stufenweg, der über die *Ulica Prijeko* direkt zum Friedhof mit dem **Mausoleum** der Reederfamilie **Račić** (Mauzolej Račić) führt. Der über 13 km hohe monumentale Kuppelbau aus weißem Marmor, mit zwei Karyatiden am Eingang und einem Engel auf der Kuppel geschmückt, wurde 1922 von *Ivan Meštrović* vollendet.

Von Cavtat bis zu dem bereits in Montenegro liegenden Kotor erstreckt sich in südöstlicher Richtung das 20 km lange **Konavle-Tal** (Konavosko polje) zwischen den Küstenbergen und dem 1243 km hohen *Snježnica-Massiv*. Wegen seiner vielen Zypressen, Olivenhaine und Weinberge sowie des milden Klimas wird es auch als die ›Toskana Dalmatiens‹ bezeichnet. Das zwischen zwei Buchten im südlichsten Zipfel Dalmatiens gelegene **Molunat** ist der einzige Badeort der Region.

Praktische Hinweise

Information
TZO Cavtat, Tiha 3, Cavtat, Tel./Fax 020/47 80 25, www.tzcavtat-konavle.hr

Hotels
*******Croatia**, Frankopanska 10, Cavtat, Tel. 020/47 55 55, Fax 020/47 8213, www.hoteli-croatia.hr. Die luxuriöse Anlage auf der Halbinsel Sustjepan zieht sich terrassenförmig am Hang hinauf. Sie bietet allen Komfort und einen eigenen Felsstrand mit FKK-Abschnitt.

******Albatros**, Od žala 2, Cavtat, Tel. 020/47 13 33, Fax 020/47 12 93, www.ibero star.com. Riesiger Komplex am Meer mit allem Komfort und einem vielfältigen Sport- und Unterhaltungsprogramm.

Restaurant
Konavoski dvori, Ljuta, Tel. 020/79 10 39. Das nördlich von Gruda an einem romantischen Wildbach im Konavle-Tal gelegene Restaurant ist stilvoll in einer alten Mühle untergebracht. Die Bedienung in traditioneller Tracht serviert weithin gerühmte Lamm- und Forellengerichte.

39 Elaphiten-Archipel
Elafitski Otoci

PlanSeite 102/103

Grüne Smaragde im Blau der Adria.

Der aus 13 Inseln bestehende Elaphiten-Archipel ragt zwischen Dubrovnik und der Halbinsel Pelješac aus dem Meer. Bereits die Griechen siedelten hier, auf sie

39 Elaphiten-Archipel

geht auch der Name zurück (*elaphos* = Hirsch). Im 11. Jh. gerieten die Eilande unter die Herrschaft von Ragusa, das auf die drei größeren bewohnten Inseln Šipan, Lopud und Koločep je einen Rektor entsandte. Ab dem 15./16. Jh. entdeckte der Dubrovniker Adel und Klerus den Archipel als *Sommerresidenz*. Daran hat sich bis heute so gut wie nichts geändert. Noch immer nehmen die Bewohner der nahen Hafenstadt Kurs auf die Inselchen, wenn sie Ruhe und Erholung suchen.

Koločep

Die mit 2,4 km^2 und 150 Einwohnern kleinste der bewohnten Inseln des Archipels liegt nur 7 km von Dubrovnik entfernt. Zwei Kalkberge durchziehen das Eiland, an der zerklüfteten Südküste fallen die Felsen 40 m fast senkrecht ab, während sie im Norden und Osten zu Terrassen gestuft sind. Zwischen den Bergzügen liegt ein fruchtbares Tal mit *Obstgärten*. Die beiden, durch einen etwa 20-minütigen Fußweg miteinander verbundenen Ortschaften Gornje und Donje Čelo sind von subtropischer Vegetation und geschützten Sand- und Kiesstränden umgeben. In **Donje Čelo** an der Nordwestküste liegt die zwischen 1250 und 1450 entstandene Kirche **Sveta Marija** aufgrund ihrer im Mauerwerk verarbeiteten römischen Spolien sehenswert. Ein schöner Spaziergang führt zu der auf einer Terrasse über dem Meer liegenden, im 9. Jh. errichteten, im 18. Jh. restaurierten Kirche **Sveti Antuna Padovansko** (St. Antonius von Padua). Mit ihrem überkuppelten Innenraum ist sie ein schönes Beispiel eines altkroatischen Gotteshauses.

Lopud

Dank der Süßwasserquellen blüht die subtropische Vegetation auf dem 4,6 km^2 großen Eiland besonders üppig. Überall auf Lopud gedeihen Palmen, Pinien und Zypressen, Orangen- und Zitronenbäume. Der gleichnamige einzige **Inselort** mit gerade einmal 350 Einwohnern liegt an einer weiten Bucht mit einem schönen Kies- und Sandstrand. Die Uferpromenade wird von Cafés und Tavernen sowie den stattlichen Sommersitzen der früheren Handelsherren aus Ragusa gesäumt. Hauptsehenswürdigkeit ist die malerisch überwucherte Ruine des 1483 errichteten wehrhaften **Franziskanerklosters**, die von einem 30 m hohen Glockenturm überragt wird. Der schlichte Kreuzgang besitzt wuchtige Arkadengänge. Die frühere Kloster- und heutige Pfarrkirche **Sveta Marija od špilice** (Hl. Jungfrau Maria von Špilica) bewahrt in ihrem Inneren mehrere sehenswerte Gemälde, darunter ein Polyptychon (1523) des Venezianers *Pietro di Giovanni* und ein Triptychon (1513) von *Nikola Božidarević*. Ein Spaziergang führt zur Süd-

Direkter Draht zum Himmel – das Franziskanerkloster von Lopud mit seinem hohen Glockenturm erhebt sich fast unmittelbar am Ufer

39 Elaphiten-Archipel

ostküste von Lopud, wo über der *Šunj-Bucht* die im 12. Jh. errichtete, später umgebaute Votivkirche **Sveta Gospa od Šunja** (Unsere Liebe Frau von Sunj) aufragt – geschmückt mit dem Wappen der lombardischen Familie *Visconti*. Der Innenraum birgt einen geschnitzten Hauptaltar mit lebensgroßen Apostelfiguren.

Šipan

Die mit 16,5 km² größte Insel des Archipels liegt 17 km von Dubrovnik entfernt und hat 500 Einwohner, die in den beiden Küstenorten sowie mehreren Weilern leben. Hauptsiedlung ist **Šipanska Luka** in der malerischen Nordwestbucht. Der große, 1450 errichtete Rektorenpalast mit seiner wohlproportionierten Fassade erinnert an die Blütezeit des Eilands, als hier der Statthalter aus Ragusa residierte. Am anderen Ende der Insel liegt der Fischerort **Sudjuradj** mit den prunkvollen Sommerresidenzen der Adelsfamilien *Škočibuha* (16. Jh.) und *Sagrojević* (15. Jh.). Mehrere Fußwege durch Macchia und Zypressenwälder erschließen das **Inselinnere** und führen zu einer Reihe altkroatischer Kirchen mit byzantinisch anmutenden Kuppeln.

ℹ Praktische Hinweise

Hotels

***Lafodia**, Obala I. Kuljevana, Lopud, Tel. 020/75 90 22, Fax 020/75 90 12, www.lafodiahotel.org. Moderner Komplex mit Sonnenterrasse und Bootsverleih nahe einer kleinen Kiesbucht.

***Šipan**, Šipanska Luka 160, Tel. 020/75 80 00, Fax 020/75 80 04, www.hotel-sipan.hr. Malerisch am Ufer gelegenes Hotel in einer ehemaligen Konservenfabrik. Das sehr gute Restaurant mit einer umfangreichen Palette dalmatinischer Gerichte verfügt über eine Pergola-Terrasse mit herrlichem Blick über die Bucht.

Restaurant

Konoba Obala, Lopud. An der Strandpromenade gelegenes Restaurant mit großer Terrasse und guten Fisch-, Fleisch- und Nudelgerichten.

Ferienidyll – Sudjuradj mit seiner kleinen Hafenbucht und den alten Steinhäusern

40 Mljet   *Plan Seite 102/103*

Subtropische Honiginsel mit waldreichem Nationalpark.

Das lang gestreckte Eiland (100 km²), mit 1200 Einwohnern nur dünn besiedelt, ist die südlichste der großen dalmatinischen Inseln und dank der dichten **Wälder** landschaftlich eine der reizvollsten der gesamten Adria. Von den Griechen wurde sie *Melitte nesos* (Honiginsel) genannt, und vielleicht ist Mljet sogar identisch mit Ogygia, jener Insel, auf der der schiffbrüchige Odysseus strandete und sieben Jahre von der Nymphe Kalypso in ihrer Grotte festgehalten wurde. Bis heute präsentiert sich Mljet als ein ruhiges Naturparadies, das überwiegend von Tagesbesuchern angefahren wird.

Der in einer weiten Bucht an der Nordküste gelegene winzige Ort **Sobra** (70 Einw.) besitzt den größten Hafen. Während der Saison verkehren täglich Personen- und Autofähren von Dubrovnik, und auch die Schiffe Split–Dubrovnik machen hier Station. Auf der Inselstraße geht es Richtung Westen nach **Babino Polje** (300 Einw.), dem Hauptort von Mljet. Hier bietet sich ein Spaziergang zur

40 Mljet

Sie sind quasi das Salz in der Suppe – die beiden Salzseen und ihre bewaldete Umgebung machen die Insel Mljet zum beliebten Ausflugsziel

Tropfsteinhöhle **Odisjeva špilja** an, der legendären Grottenwohnung der Kalypso. Der Pfad beginnt bei der Kapelle am westlichen Ortsende.

TOP TIPP Besondere Attraktion der Insel ist der **Nationalpark Mljet**, der eine Fläche von 30 km² im Westteil einnimmt. In herrliche Wälder eingebettet liegen dort die beiden Salzseen **Malo** (Großer) **jezero** und **Velo** (Kleiner) **jezero**, ursprünglich Karstsenken, die sich beim Ansteigen des Meeresspiegels mit Wasser füllten. In dem Kanal, der sie bis heute mit dem Meer und auch untereinander verbindet, führen die Gezeiten zu starken Strömungen.

Auf dem Weg zu den Seen erreicht man zunächst den an der Nordküste in einer tiefen Bucht gelegenen Hafenort **Polače**, wo Reste eines spätantiken Palastes und einer frühchristlichen Basilika (5./6. Jh.) gefunden wurden. Die Straße endet bei **Pomena** an der gleichnamigen Bucht nahe dem Westkap der Insel. Dank des Hotels und Jachthafens hat sich der Ort zum touristischen Zentrum Mljets entwickelt.

Von hier führen *Spazierwege* durch Wälder zu den Salzseen und dem Anleger der Boote, die Besucher auf das Klostereiland **Sveta Marija** bringen – sozusagen eine ›Insel auf der Insel‹. Das im 12. Jh. von Benediktinern gegründete Kloster macht aufgrund seines massiven, zinnenbekrönten Turmes einen äußerst wehrhaften Eindruck. Die Abteikirche, ein kleiner Kreuzkuppelbau, weist Merkmale der apulischen Romanik auf. Das in den 1960er-Jahren in ein Hotel umgewandelte Kloster wurde inzwischen völlig renoviert und beherbergt nun ein Restaurant.

Praktische Hinweise

Information

TZO Mljet, Zabrjeze 2, Babino Polje, Tel./Fax 020/74 51 25, www.mljet.hr

Nacionalni Park, Pristanište 2, Govedari, Tel. 020/74 40 58, Fax 020/74 40 43, www.np-mljet.hr

Hotel

*****Odisej**, Pomena b.b., Pomena Tel. 020/72 58 66, Fax 020/74 40 42, www.hotelodisej.hr. Schönes Hotel am Meer in einer bewaldeten Bucht mit Sportangeboten, Fahrrad-, Kanu- und Surfbrettverleih, Segel- und Tauchschule sowie Transfer zur FKK-Insel Pomeštak.

Restaurant

Odisej, Pomena b.b., Pomena, Tel. 020/72 58 66. Das Hotelrestaurant mit klimatisiertem Speiseraum und herrlicher Terrasse am Meer bietet exzellente süddalmatinische Küche; besonders zu empfehlen sind Grillfischgerichte.

ADAC REISEN Urlaub mobil
Urlaubsvielfalt Kroatien

Entdecken – Erleben – Erholen

Campen, baden, wandern, relaxen oder Kultur erleben!

In unseren ADAC Reisen Katalogen „Ferienwohnungen", „Europa erfahren" und „Campingwelten für Familien" finden Sie viele Ideen und Angebote für Ihren nächsten Urlaub an der kroatischen Küste und in ganz Dalmatien. Zudem bieten wir attraktive Specials, z. B.:

- Frühbuchervorteile mit bis zu 20% Ermäßigung
- Attraktive Spar- und Familienangebote
- Flexible An- und Abreisetage bei vielen Ferienanlagen
- Kostenloser Premio-Urlaubs-Check für Ihren Pkw

Alle Informationen und Buchung in Ihrem Reisebüro!

ADAC Reisen

Mit Sicherheit mehr vom Urlaub

Kroatische Küste – Dalmatien aktuell A bis Z

■ Vor Reiseantritt

ADAC Info-Service:
Tel. 018 05/10 11 12, Fax 018 05/30 29 28
(0,14 €/Min.)

ADAC im Internet:
www.adac.de
www.adac.de/reisefuehrer

Dalmatien im Internet:
www.kroatien.hr

Informationen erteilt die Kroatische
Zentrale für Tourismus (Hrvatska
turistička zajednica):

Deutschland
Kaiserstr. 23, 60311 Frankfurt/Main,
Tel. 069/23 85 35-0, Fax 069/23 85 35-20,
kroatien-info@gmx.de

Österreich
Am Hof 13, 1010 Wien,
Tel. 01/585 38 84, Fax 01/585 38 84 20,
office@kroatien.at

Schweiz
Badener Str. 332, 8004 Zürich,
Tel. 04/33 21 82 11, Fax 04/33 21 82 13,
E-Mail: kroatien@gmx.ch

■ Allgemeine Informationen

Reisedokumente

Bei einem Aufenthalt bis zu 90 Tagen
genügt der Personalausweis oder Reisepass (für den Korridor von Neum braucht
man einen Reisepass). Für Kinder unter 16
Jahren ist ein Kinderausweis oder Eintrag
im Elternpass notwendig.

Kfz-Papiere

Führerschein und Zulassungsbescheini-
gung Teil 1 (vormals Fahrzeugschein) sind
mitzuführen. Die Mitnahme der Internationalen Grünen Versicherungskarte wird
empfohlen. Autofahrer aus der Schweiz
müssen sie jedoch bei der Einreise vor-
weisen. Eine Kurzkaskoversicherung ist
empfehlenswert.

Krankenversicherung und Impfungen

Die ärztliche Versorgung entspricht euro-
päischem Standard. Während der Reise-
saison werden in den großen Ferienorten
meist Ambulanzen für ausländische Besucher eingerichtet. Für die medizinische
Behandlung und Versorgung in Kroatien
benötigt man nach wie vor Auslands-
krankenscheine (HR/D111). Die seit dem
1. Januar 2006 in die übliche Versicherungskarte integrierte Europäische Kran-
kenversicherungskarte kann nicht über-

all eingesetzt werden. Sicherheitshalber
empfiehlt sich der Abschluss einer zu-
sätzlichen Reisekranken- und Rückhol-
versicherung.

Hund und Katze

Für **Hunde und Katzen** sind eine im
Internationalen Impfpass eingetragene
Tollwutimpfung (mind. 6 Monate, max.
1 Jahr alt) sowie eine Kennzeichnung
durch Mikrochip oder Tätowierung vor-
geschrieben.

Zollbestimmungen

Die Zollbestimmungen stimmen mit denen der EU-Länder überein (200 Zigaret-
ten oder 50 Zigarren oder 250 g Tabak, 2 l
Wein, 1 l Spirituosen, 250 ml Eau de Toilet-
te und 50 ml Parfüm). Elektronische und
technische Geräte (PC, Fotoausrüstung,
Videokamera etc.) sowie besonders aufwendige Sportausrüstung müssen bei
der Einreise als Eigenbedarf deklariert
werden. Bei der Wiedereinreise in die EU
dürfen Reiseandenken im Wert von 175 €
zollfrei eingeführt werden. Weitere Informationen: www. carina.hr

Geld

Landeswährung ist die Kroatische Kuna
(HRK), unterteilt in 100 Lipa. Es gibt Münzen zu 1, 2, 5, 10, 20 und 50 Lipa sowie zu 1,

Allgemeine Informationen – Anreise

2, 5 und 25 Kuna und Banknoten zu 5, 10, 20, 50, 100, 200, 500 und 1 000 Kuna.

Ausländische Währungen können ohne Beschränkung ein- und ausgeführt werden, Landeswährung bis max. 15 000 HRK.

Geldautomaten, an denen man mit EC-, Postbank- oder Kreditkarte Landeswährung abheben kann, sind in größeren Städten und Touristenzentren zu finden. **Kreditkarten** werden von den meisten Hotels, Autovermietern, Marinas, Jachtcharterfirmen, Tankstellen und größeren Restaurants akzeptiert.

Bank- oder Kreditkarten kann man bei Verlust unter der Notrufnummer (kostenlos) 00 49/11 61 16 sperren lassen.

Tourismusämter im Land

TZŽ Zadarske, Sv. Leopolda B. Mandića 1, 23000 Zadar, Tel. 023/31 51 07, Fax 023/31 53 16, www.zadar.hr

TZŽ Šibensko-kninska, Fra Nicole Ručića b.b., 22000 Šibenik, Tel. 022/21 90 72, Fax 022/21 23 46, www.summernet.hr/county-sibenik-knin

TZŽ Splitsko-Dalmatinska, Prilaz braće Kaliterna 10/I, 21001 Split, Tel./Fax 021/49 00 33, 021/49 00 36, www.dalmatia.hr

TZŽ Dubrovačko-Neretvanska, Cvijete Zuzorić 1/I, 20000 Dubrovnik, Tel. 020/32 49 99, Fax 020/32 42 24, www.visitdubrovnik.hr

Daneben verfügt nahezu jede Ortschaft an der Küste über ein **Tourismusamt** (Turistička zajednica), in dem vielfältiges Informationsmaterial erhältlich ist. Die Adressen sind im Haupttext unter den **Praktischen Hinweisen** aufgeführt.

Notrufnummern

Einheitlicher Notruf: Tel. 112, auch mobil: Polizei, Unfallrettung, Feuerwehr)

Pannendienst des Kroatischen Automobil Clubs (HAK), Tel. 987, Mobil-Tel. 003 85 19 87, www.hak.hr (ADAC-Schutzbriefschecks werden akzeptiert)

ADAC-Notruf für Kroatien in Zagreb: Tel. 01/344 06 66 (ganzjährig)

ADAC-Notrufzentrale München: Tel. 00 49/89/22 22 22 (rund um die Uhr)

ADAC-Ambulanzdienst München: Tel. 00 49/89/76 76 76 (rund um die Uhr)

Österreichischer Automobil Motorrad und Touring Club
ÖAMTC Schutzbrief-Nothilfe: Tel. 00 43/(0)1/251 20 00

Touring Club Schweiz
TCS Zentrale Hilfsstelle: Tel. 000 41/(0)2 24 17 22 20

Diplomatische Vertretungen

Deutschland

Deutsche Botschaft, Ulica Grada Vukovara 64, 10000 Zagreb, Tel. 01/615 81 00, Fax 01/615 55 36

Honorarkonsulat, Obala Hrvatskog Narodnog Preporoda 10, 21000 Split, Tel. 021/36 29 95, Fax 021/36 21 15

Österreich

Österreichische Botschaft, Jabukovac 39, 10000 Zagreb, Tel. 01/488 10 50, Fax 01/483 44 61

Schweiz

Schweizer Botschaft, Bogovićeva 3, 10000 Zagreb, Tel. 01/487 88 00, Fax 01/481 08 90

Besondere Verkehrsbestimmungen

Tempolimits (in km/h): innerorts 50, Pkw auf Landstraßen 90, Schnellstraßen 110, Autobahn 130; mit Anhänger außerorts überall 80 km/h; Wohnmobile bis 3,5 t auf Landstraßen 80 km/h, auf Schnellstraßen und Autobahnen 100 km/h. Es besteht **Gurtpflicht**. Kinder unter 12 Jahren müssen hinten sitzen. Das Fahren mit **Licht** ist bei Tag und Nacht Pflicht. Beim Überholen muss während des gesamten Vorgangs geblinkt werden. Haltende Schulbusse dürfen nicht passiert werden. Die **Promillegrenze** liegt bei 0,0. Zur Pflichtausrüstung gehören Warndreieck, Abschleppseil, ein Satz Glühlampen und eine Warnweste, die beim Verlassen des Autos bei einer Panne oder einem Unfall getragen werden muss. **Verkehrsunfälle** müssen der Polizei gemeldet werden. Um Probleme bei der Ausreise zu vermeiden, sollte man sich bei größeren Schäden stets das Protokoll (*Potvrda*) geben lassen.

■ Anreise

Auto

Umfangreiches **Informations- und Kartenmaterial** können Mitglieder des ADAC kostenlos bei den ADAC Geschäftsstellen oder unter Tel. 018 05/ 10 11 12 (0,14 €/Min.)

Anreise

Der weiße Riese der Adria – die Fähren von Jadrolinija verbinden die Küstenstädte und die Inseln miteinander

anfordern. Im ADAC Verlag sind außerdem die LänderKarte *Kroatien, Bosnien-Herzegowina, Serbien und Montenegro* (1:750 000), die UrlaubsKarten *Nördliche* und *Südliche Dalmatinische Küste* sowie das Reisemagazin *Kroatien* erschienen (www.adac.de/karten).

Die Hauptroute E 55 führt von München über Salzburg und auf der Tauernautobahn via Villach nach Ljubljana, über den kroatischen Grenzübergang Rupa weiter nach Rijeka und dann immer entlang der Adria-Magistrale E 65 Richtung Süden.

Alternativen sind die Autobahn Villach–Triest mit Weiterfahrt auf der E 61 nach Rijeka, bzw. aus der **Schweiz** kommend über die Gotthardt- oder Bernardino-Route über Chiasso und über die A 4 (E 64/70) nach Triest. **Straßenbenutzungsgebühren:** Vignette für die Autobahnen in Österreich und der Schweiz, Gebühren für den Tauern- und Karawankentunnel, italienische Autobahnen, die slowenische Autobahn Kranj–Ljubljana–Postojna sowie in Kroatien für den Učka-Tunnel, die Krka-Brücke und für die Strecke Zagreb–Bosiljevo–Zadar–Šibenik–Split.

Entlang der Adria-Magistrale ist das **Tankstellen-Netz** gut ausgebaut. Weniger dicht ist das Netz auf den meisten Inseln! Die **Kraftstoffpreise** sind kaum niedriger als in Deutschland, Österreich und der Schweiz.

Bahn und Autoreisezug

Der Euro-City von München nach Rijeka benötigt ca. 10 Stunden, im Sommer gibt es außerdem eine Direktverbindung Hamburg–Rijeka (ca. 16 Stunden). Besonders zur Hauptreisezeit ist eine frühzeitige Liege- oder Schlafwagen-Reservierung ratsam. Da es entlang der Küste keine durchgehende Bahnlinie gibt, empfiehlt sich für die Weiterreise die Küstenfähre ab Rijeka. *Auskünfte* bei:

Deutsche Bahn, Tel. 01 18 61 (persönliche Auskunft, gebührenpflichtig), Tel. 08 00/150 70 90 (sprachgesteuert), www.bahn.de sowie www.autozug.de

Österreichische Bundesbahn, Tel. 05 17 17, www.oebb.at

Schweizerische Bundesbahnen, Tel. 09 00 30 03 00, www.sbb.ch

Kroatische Eisenbahn, Tel. 01/457 71 11, www.hznet.hr

Bus

Von den größeren deutschen Städten verkehren Busse nach Dalmatien (z. B. ab München 8,5 Stunden bis Rijeka, 12 Stunden bis Zadar, 15 Stunden bis Split). Man sollte mindestens eine Woche im Voraus buchen.

Deutsche Touring GmbH,
Am Römerhof 17, 60486 Frankfurt,
Tel. 069/79 03 50, Fax 069/790 32 19, www.deutsche-touring.com

Flugzeug

Linienflüge werden z. B. von den Flughäfen Berlin, Frankfurt, Düsseldorf, Stuttgart, München, Zürich und Wien nach Zadar, Split, Brač und Dubrovnik angeboten (in der Saison meist einmal täglich). Sie gehen fast alle über Zagreb (Flugzeit ab Frankfurt ca. $1^{1}/_{2}$ Std.), wo meist mit mehreren Stunden Wartezeit zu rechnen ist. Lediglich Brač ist mit direkten Linienflügen ab München und Augsburg zu erreichen. Charterflüge gehen z. B. von Berlin, Leipzig, Düsseldorf, Köln, Frankfurt und München direkt nach Zadar, Split, Brač und Dubrovnik. *Informationen:*

Croatia Airlines,
Schillerstr. 42–44, 60313 Frankfurt,
Tel. 069/920 05 20, Fax 069/92 00 52 52, www.croatiaairlines.com

Schiff

Fähren des Anbieters **Jadrolinija** verkehren z. B. zwischen Ancona–Zadar (7 Std.), Ancona–Split (10 Std.), Pescara–Split (10 Std.) und Bari–Dubrovnik (8 Std.). Außerdem gibt es Schnellfähren entlang der Küste von Rijeka auf wechselnden Routen über diverse Küsten- und Inselhäfen bis nach Dubrovnik. *Informationen:*

Jadrolinija, Riva 16, 51000 Rijeka, Tel. 051/66 61 11, Fax 051/21 31 16, www.jadrolinija.hr

■ Bank, Post, Telefon

Bank
Öffnungszeiten: Banken sind in der Regel Mo–Fr 7–19 Uhr (in kleinen Orten Mittagspause 12–15/16 Uhr) und Sa 7–13 Uhr geöffnet. Diensthabende Banken in größeren Städten öffnen auch So.

Post
Öffnungszeiten: Die Postämter (HTP) haben meist Mo–Fr 7–19 und Sa 7–13 Uhr (in größeren Städten und in Touristenorten während der Saison oft bis 22 Uhr und So) geöffnet; manche sind über Mittag geschlossen. Briefmarken (*Znamke*) bekommt man auch an Kiosken (*Tisak*) und in Tabakgeschäften (*Duhan*).

Telefon
Internationale Vorwahlen:

Kroatien 003 85
Deutschland 00 49
Österreich 00 43
Schweiz 00 41

Es folgt die Ortsvorwahl ohne die Null.

Für Gespräche von Telefonzellen aus benötigt man eine in Postämtern, Kiosken und Tabakgeschäften erhältliche **Telefonkarte** (*Telefonska karta*). Das Telefonieren von Hotels, Campingplätzen etc. aus ist erheblich teurer.

Die Benutzung der handelsüblichen **GSM-Mobiltelefone** ist in Dalmatien möglich. Man sollte sich jedoch vor Reiseantritt über das günstigste Netz vor Ort informieren und das eigene Mobiltelefon entsprechend programmieren.

■ Einkaufen

Öffnungszeiten: Gesetzliche Ladenschlusszeiten gibt es nicht. Kaufhäuser haben in der Regel Mo–Fr 8–20 Uhr geöffnet, Sa 8–14 Uhr. In den Touristenzentren haben etliche Supermärkte und Geschäfte bis 22 Uhr und zum Teil rund um die Uhr auch an Sonntagen geöffnet. Viele Läden in den Städten machen im Sommer von 12 bis 16 Uhr Mittagspause.

Märkte
In allen größeren Orten werden Märkte (Dauer 6–14/15 Uhr) abgehalten.

Selbst gebrannter Kräuterschnaps gehört zu den begehrten Mitbringseln aus Dalmatien

Souvenirs
Neben allerlei Kitsch werden eine ganze Reihe landestypischer Produkte angeboten. Filigrane **Schmuckarbeiten** mit traditionellen Mustern und Motiven findet man überall entlang der Küste. Die Insel Pag ist nicht nur für die berühmten **Pager Spitzen** bekannt, sondern auch für den *Paški Sir*, einen würzigen Schafskäse. **Würz-**, **Duft-** und **Heilkräuter**, entweder getrocknet in kleinen Beutelchen oder als Öle in Flaschen, bieten vor allem die süddalmatinischen Inseln (vor allem Hvar), die auch für exzellenten **Blütenhonig** (besonders Brač und Mljet) bekannt sind, den man auf Märkten oder direkt vom Imker bekommt. Beliebt sind weiterhin selbst gemachte **Obst-** und **Kräuterschnäpse**, die an Ständen entlang der Küste angeboten werden, sowie **Maraschino** (fruchtiger Sauerkirschlikör) aus der Gegend von Zadar. **Weine** kauft man am besten direkt ab Erzeuger oder in Konobas. Das in der Regel hochwertige **Olivenöl** sollte man gleichwohl vorher probieren, um sich von der Qualität zu überzeugen. Bei **Schafskäse** und **Schinken** lohnt es sich, die Preise auf Märkten und an Straßenständen zu vergleichen.

■ Essen und Trinken

Die dalmatinische Gastronomie ist leicht, bekömmlich und eine der gesündesten der Welt. Geprägt wird sie durch die Vorspeisen (*Predjela*) Käse (*Sir*), Schinken (*Pršut*), Oliven und marinierte Sardellen, durch eine Vielfalt von Fischgerichten und Meeresfrüchten und durch das bekömmliche Olivenöl.

Essen und Trinken

Fisch und Fleisch

Entlang der dalmatinischen Küste isst man vor allem **Fischgerichte**, denn aus dem sauberen Wasser der Felsenküste kommen die schmackhaftesten Fische des Mittelmeers. Sehr beliebt sind Goldbrasse (*Orada*), Zahnbrasse (*Zubatac*) und Seezunge (*List*), aber auch Seeteufel, Makrele, Seehecht und andere Arten. Zubereitet werden sie als Fischsuppe (*Brodet*), gekocht (*na lešo*), im Backofen (*iz pečnice*), im Brotteig (*u kruhu*) und in der Salzkruste (*u soli*). Besondere Delikatessen sind Hummer und Scampi, gefüllte Tintenfische (*Punjene lignje*), Muscheln in Wein und schwarzes Tintenfisch-Risotto (*Crni rižoto*).

Fleischgerichte sind weniger typisch für Dalmatien, gleichwohl stehen vor einigen Lokalen große Grillöfen, in denen ganze Lämmer oder Spanferkel knusprig braun braten. Bekannteste Spezialität Dalmatiens ist das besonders empfehlenswerte *Peka*, unter einer Metallglocke in der heißen Asche gedünstetes Lamm- und Rindfleisch mit Gemüse und Kartoffeln. Weitere Fleischgerichte der Region sind *Jagječka čorba* (Lammfleischsuppe), *Vitalac* (Innereien vom Lamm, in Darm gewickelt und am Spieß geröstet) und *Pasticada* (mariniertes Rindfleisch mit Speck und Knoblauch gespickt in Weißwein gekocht). *Čevapčići*, *Ražniči* (gemischte Fleischspieße) und *Mixed Grill* (gemischte Grillplatte) stammen ursprünglich aus Serbien. Sie werden serviert mit *Ajwar*, einem rötlichen Mus aus Tomaten, Paprika, gehackten Zwiebeln und Auberginen, das sowohl mild als auch eher scharf sein kann. *Musaka* (mehrere Schichten Hackfleisch, Kartoffeln und Tomatensauce mit Ei und Sauerrahm überbacken), aber auch das serbische *Djuveč* (Reisgericht mit Fleisch und Gemüse) kommen ursprünglich aus Griechenland.

Nachspeisen

Österreichische Einflüsse sind vorwiegend bei den Desserts zu finden: Palačinke (Pfannkuchen mit Marmelade, Beeren, Schokolade oder Zucker und Zimt), Štrudel (Apfel- oder Quarkstrudel) und Kremšnite (Blätterteiggebäck mit Creme- oder Puddingfüllung und manchmal Schokoladenguss). Baklava (sehr süße Nachspeise aus Blätterteig mit Walnussfüllung) wiederum kommt aus der Türkei. Beliebte dalmatinische Desserts sind Presnac (Süßspeise aus frischem Schafsquark),

Gesprächsrunde – gemütliches Café in Dubrovniks Altstadt

Wer serviert was? Gostionas, Konobas und Kavanas

In Dalmatien gibt es mehrere Bezeichnungen für verschiedene Restauranttypen. Das **Hotelrestaurant** (Restoran) bietet meist ›internationale‹ und manchmal fantasielose Gerichte. Empfehlenswerter sind Lokale, die sich der dalmatinischen Küche widmen. Landestypische Gerichte bekommt man vor allem in kleineren **Gostionas** oder Gostionicas (Gaststätte, Wirtshaus), manchmal auch Taverna genannt. Hier kochen Wirt oder Wirtin meist selbst regionale Spezialitäten, die aus frischen Zutaten nach alten Hausrezepten zubereitet werden. Ein echtes Erlebnis sind viele der kleinen **Konobas** (Weinkeller): urige Kellergewölbe oder kleine, rustikale Lokale, die oft mit viel Hingabe und Geschmack ausgestaltet sind. Serviert wird dort überwiegend einfache, aber delikate Hausmannskost: Schinken, Käse, Oliven und Wein aus eigenem Anbau, frisches selbst gebackenes Brot, manchmal auch kleine Fisch-, Fleisch- und Peka-Gerichte vom offenen Grill. Bei Einheimischen beliebt sind die zahlreichen **Kavanas** (Cafés) und **Bifes** (Buffet), eine Art Bar oder Kneipe, in der sich die Fischer treffen. Verbreitet sind auch **Pizzerias**, die aber meistens wirklich nur Pizza servieren. Und schließlich gibt es noch das **Samoposlužni restoran** (Selbstbedienungsrestaurant), das man häufig in Ferienanlagen findet, und die **Slastičarna**, eine Mischung aus Eisdiele, Konditorei und Espressobar.

Essen und Trinken – Feste und Feiern

Farbenprächtiges Schauspiel – vor Altstadtkulisse von Korčula wird die Moreška aufgeführt

Smokvenjak (Süßspeise aus getrockneten Feigen, Nüssen und Tresterschnaps) sowie Kroštule (Süßes Gebäck mit Mandeln, das in heißem Fett gebacken wird).

Getränke

Zu jeder Hauptmahlzeit gehört **Wein**, der nicht pur, sondern mit Mineralwasser als *Gemišt* oder *Špricer*, bzw. mit Leitungswasser als *Bevanda* getrunken wird. Wein und Dalmatien gehören untrennbar zusammen. Einige der Rebsorten haben schon die Römer ins Land gebracht und der berühmte *Dingač* und der nicht minder namhafte *Postup* (beides Rotweine von der Halbinsel Pelješac) wurden schon zur k.u.k-Zeit als ›Kaiserweine‹ am Wiener Hof kredenzt. Weit verbreitet ist der ebenfalls rote *Plavac*, der an Hängen von Dubrovnik bis Makarska gedeiht. Die Insel Korčula ist für ihre Weißweine bekannt, insbesondere für den *Grk*, den *Maraština* und den *Pošip*, der nur hier angebaut wird. Von Hvar kommen zwei große Rotweine: der *Pharos* und der *Plavac*, der um das Goldene Horn von Bol gedeiht. Primošten ist für seinen roten *Babic* weltberühmt und auf Pag wächst der weiße *Žutica*.

Fast jede Konoba und Gostionica hat ihren eigenen **Hausschnaps**. Er heißt *Losovača* (kurz: *Losa*) und mit aromatischen Kräutern versetzt wird daraus der beliebte *Travarica*. Eine gefragte Spezialität ist *Maraschino*, ein köstlicher Kirschlikör, der in der Gegend von Zadar nach einem fast 500 Jahre alten Rezept der Dominikaner aus der Maraska-Sauerkirsche gewonnen wird. Weniger bekannt, aber ebenso exzellent ist *Orahovica*, ein Haselnussschnaps aus Süddalmatien. Und dann gibt es natürlich noch den *Prošek*, einen schweren Dessertwein, der seit römischer Zeit als ›Vinum sanctum‹ (heiliger Wein) geschätzt wird.

Deutsches oder österreichisches **Bier** ist fast überall an der Küste zu bekommen, aber auch das kroatische Bier ist nicht schlecht. Und nach dem Essen oder zwischendurch trinkt man gern einen *Espresso* oder einen *Turska Kava* (türkischen Kaffee), der mit sehr fein gemahlenem Kaffeepulver und Zucker in einen Messingtöpfchen aufgekocht wird.

Feste und Feiern

Feiertage

1. und 6. Januar, Ostersonntag und Ostermontag, 1. Mai, 30. Mai (Nationalfeiertag), 22. Juni (Tag des Sieges über den Faschismus), 5. August (Tag der Heimat), 15. August, 1. November, 25. und 26. Dezember.

Feste

Das ganze Jahr über gibt es zahlreiche *regionale Feste* – meist farbenfrohe Ereignisse mit Trachten, Folklore und örtlichen Spezialitäten. Im Folgenden eine Auswahl der wichtigsten Veranstaltungen:

Januar

Lastovo (6.1.): Traditionsreicher Inselkarneval mit Umzügen bis Fastnachtsdienstag.

Februar

Dubrovnik (3.2.): Prozession zu Ehren des Stadtheiligen Sveti Vlaho.

April

Blato, Korčula (28.4.): *Kumpanija*, farbenfrohes Ritterspiel mit 700-jähriger Tradition und umfangreichem Folkloreprogramm.

Mai

Nin (5.5.): Bootsprozession zur Madonnenstatue auf der Insel Zečeveo mit anschließendem Dorffest.

Juli

Korčula (29.8.): *Moreška*, das farbenprächtige Ritterspiel mit akrobatischen Schwerttänzen.

Veli Iž, Iž: *Iška Kralj*, die Krönung des Inselkönigs. Das Fest existiert seit antiker Zeit und wird heute am letzten Juli- und ersten Augustwochenende mit buntem Festprogramm begangen.

August

Sinj (1. Wochenende): *Sinjska Alka*, dreitägiges Reiterfest mit Ringstechen, prachtvollen Trachten und Uniformen sowie umfangreichem Rahmenprogramm.

Sali, Dugi Otok (1. So im August): *Saljske užanske*, traditionsreiches Fischerfest, das mit Folklore, Tanz und einem lustigen Eselrennen am ersten Sonntag gefeiert wird.

Vir (28.8.): Prozession mit großem Dorffest zu Ehren von Sveti Ivan.

Jelsa, Hvar: Stimmungsvolles Weinfest vor der malerischen Kulisse des Inselstädtchens mit Kunst- und Folkloreprogramm am letzten Wochenende.

Betina, Murter: Großes Muschelfest mit Folklore, Tanz, Musik sowie gutem Essen (nicht nur Muscheln) und Wein.

Korčula (2.8.): *Perdun*, Prozession mit bunt geschmückten Booten zur Klosterinsel Badija, auf der anschließend ein Volksfest stattfindet.

■ Klima und Reisezeit

An der Küste Dalmatiens und auf den Inseln herrscht ein ausgeprägt **mediterranes Klima** mit milden Wintern, angenehmen Temperaturen im Frühjahr und Herbst sowie heißen, trockenen Sommern. Am niederschlagsreichsten ist der Herbst. Die **Badesaison** beginnt im Juni und dauert bis Ende September. Dank der ausgleichenden Wirkung des Meeres sind die Temperaturen auch in den heißesten Monaten (Juli/August) meist erträglich. Ideale **Reisezeit** sind die Monate Mai und Juni, wenn alles grünt und blüht, und September, wenn die Hitze abklingt, das Wasser aber noch angenehme Temperaturen hat. In den **Bergen** herrscht ein

Klima, das dem deutscher Mittelgebirge gleicht. Von November bis April kann es in Höhen von über 1000 m schneien; andererseits wird es in den Bergen im Sommer auch sehr heiß.

Klimadaten Split

Monat	Luft (°C) min./max.	Wasser (°C)	Sonnen- std./Tag	Regen- tage
Januar	5/10	13	4	9
Februar	5/11	12	5	8
März	7/14	13	6	8
April	10/18	14	7	7
Mai	14/22	17	9	7
Juni	18/27	21	10	6
Juli	21/31	23	12	4
August	20/31	24	11	3
September	17/26	22	8	6
Oktober	14/21	19	6	8
November	11/16	16	4	11
Dezember	6/11	14	3	12

■ Kultur live

Die größeren Städte bieten ein umfangreiches Programm von **Sommerfestivals** mit Theater, Konzerten, Oper, Ballett und anderen Veranstaltungen. In kleineren Orten und Ferienanlagen werden weniger anspruchsvolle, aber ebenfalls sehr unterhaltsame Festivitäten mit Musik, Sport und Folklore geboten.

Juni

Šibenik (Ende Juni/Anfang Juli): Kinderfestival, farbenfrohes Fest mit internationaler Beteiligung, das Puppentheater, Film, Musik und Ballett sowie andere Vorführungen bietet (Auskünfte unter Tel. 022/213123, Fax 022/21 21 34, www.mdf-si.org).

Juli

Omiš: *Festival Dalmatinskih Klapa*, Festival der dalmatinischen Klapa-Chöre, das fast den ganzen Monat andauert (Auskünfte unter Tel. 021/861015, Fax 021/75 71 44, www.fdk.hr).

Juli/August

Zadar (Mitte Juli–Mitte Aug.): *Sveti-Donat-Musikabende* mit klassischer Musik in der für ihre Akustik berühmten Rundkirche Sveti Donat und auf dem römischen Forum (Auskünfte unter Tel. 023/31 58 07).

Split (14.7.–14.8.): Spliter Sommer, vielfältiges Kulturprogramm mit Oper, Konzerten, Ballett und Theater in der malerischen Kulisse des antiken Kaiserpalastes

(Auskünfte unter Tel./Fax 021/34 49 99, www.splitsko-ljeto.hr).

Dubrovnik (10.7.–25.8.): Internationale Dubrovniker Sommerfestspiele mit Musik, Theater und Folklore in der Altstadt (Auskünfte unter Tel. 020/32 61 00, Fax 020/32 61 16, www.dubrovnik-festival.hr).

Hvar (Ende Juni–Anfang Sept.): Hvarer Sommer (Hvarsko ljeto) – mit 100 Tagen das längste Festival an der Küste. Klassische Werke der Chor- und Instrumentalmusik von in- und ausländischen Künstlern im Franziskanerkloster, der Kathedrale sowie auf Straßen und Plätzen.

◼ Museen und Kirchen

Die Öffnungszeiten der **Museen** sind uneinheitlich. Detaillierte Angaben finden sich im Haupttext. Die **Kirchen** kleinerer Ortschaften sind häufig verschlossen, meist können dann der Pfarrer oder Nachbarn behilflich sein. Kirchen und Klöster sollten in angemessener Kleidung besucht werden.

◼ Sport

In einer Küstenregion wie Dalmatien steht der **Wassersport** an erster Stelle, aber auch Reiten, Tennis und Radfahren werden angeboten. In fast allen Ferienorten gibt es Segel-, Tauch, Tennis- und Surfschulen. Vielerorts kann man Fahrräder, Mountainbikes, Tauchausrüstung und Boote mieten. Eine Broschüre ›Was-

An der dalmatinischen Küste finden Skipper abwechslungsreiche Segelreviere vor

sersport‹ bekommt man von der Kroatischen Zentrale für Tourismus [s. S. 125].

Angeln

Für das Angeln ist eine Lizenz erforderlich, die man von der Gemeinde oder vom Hafenamt erhält. Wer in den fischreichen Binnengewässern angeln möchte, erhält die Lizenz im nächsten Touristenbüro, manchmal auch im Hotel oder am Campingplatz. Bei der Kroatischen Zentrale für Tourismus [s. S. 125] ist die Broschüre ›Sportfischerei‹ erhältlich, speziellere Auskünfte erteilt der **Kroatische Verband für Sportfischerei**: Hrvatski Savez za Sport i Ribolov na Moru (Meer), Ul. M. Gupca 2, 51000 Rijeka, Tel. 051/21 21 96; Hrvatski Savez Športskoribolovnih (Binnengewässer), Trg Sportova 11, 10000 Zagreb, Tel. 01/39 13 33.

Klettern

Das kroatische Dorado der Kletterer – besonders das der Free-Climber – ist die Schlucht **Velika Paklenica**. Nur 2 km von der Küste entfernt, bietet sie hohe Wände mit zahlreichen Routen diverser Schwierigkeitsgrade und Möglichkeiten zum Bouldern. Eine Reihe unterschiedlicher Kletterrouten findet man aber auch in der **Cetina-Schlucht** bei Omiš und in den Gebirgen Mitteldalmatiens. *Auskunft*:

Hrvatski Planinarski Savez (Kroatischer Kletterverband), Kozarčeva 22, 10000 Zagreb, Tel. 01/4 82 41 42, www.plsavez.hr

Schwimmen

Das Wasser an der Küste Dalmatiens ist das sauberste des Mittelmeers. Fels- und Kiesstrände überwiegen und sorgen für glasklares Wasser. Flache Sandstrände sind recht selten. Wegen scharfkantiger Felsen und der zahlreichen Seeigel sollte man stets Badeschuhe tragen.

Segeln und Sportschifffahrt

Die dalmatinische Küste mit ihren modernen Marinas und zahlreichen teils unbewohnten Inseln ist ein ideales Revier für Segler und Motorbootfahrer. Charterboote und Segeltörns werden in zahlreichen Häfen angeboten, und in fast allen Touristenzentren kann man den Segel- oder Bootsführerschein erwerben. Ein Verzeichnis aller Marinas mit Infos zu Ausstattung und Preisen bekommt man von der Kroatischen Zentrale für Tourismus [s. S. 125]. Informationen über Marinas, Bestimmungen, Einfuhr von Booten etc.

Sport

sind erhältlich beim **ACI Club**, M. Tita 151, 51410 Opatija, Tel. 051/27 12 88, Fax 051/27 18 24, www.aci-club.hr, beim **Kroatischen Segelverband HJS**, Trg Franje Tuđmana, 21000 Split, Tel. 021/34 57 88, Fax 021/34 43 34, www.hjs.hr. Informationen erteilt aber auch die **ADAC-Sportschifffahrt**, Tel. 089/767 60, Fax 089/760 75 72, www.adac.de/sportschifffahrt.

Tauchen und Schnorcheln

Wegen ihrer reichhaltigen Meeresfauna und -flora ist die felsige Küste Dalmatiens das klassische Taucherparadies Europas. Für zusätzliche Abwechslung sorgen zahlreiche Schiffswracks. Zu den beliebtesten Tauchrevieren gehören die **Kornaten** und **Dugi Otok**. Das Tauchen mit Pressluftflaschen muss bei der Polizei, beim Hafenamt oder im Touristenbüro angemeldet werden. In vielen Ferienzentren gibt es Tauchschulen, die Kurse und häufig auch Tauchexkursionen zu Wracks und besonders schönen Revieren anbieten. Bei der Kroatischen Zentrale für Tourismus [s. S. 125] erhält man die Broschüre ›Tauchen‹ mit sämtlichen Bestimmungen und einer Liste der Füllstationen. Weitere Informationen erteilt der **Kroatische Tauchverband HRS**, Dalmatinska 12, 10000 Zagreb, Tel. 01/484 87 65, Fax 01/484 91 19, www.diving-hrs.hr

Wandern

Nur wenige Kilometer von der Küste entfernt steigt eine faszinierende Bergland-

Dank kräftiger Winde ist die Insel Brač ein beliebtes Surfrevier

Immer dicht am Abgrund – Klettern in der Paklenica-Schlucht

schaft auf. Zahlreiche markierte Pfade erschließen die ursprüngliche Natur des Küstengebirges. Ideale Möglichkeiten für längere Bergtouren bieten z. B. der **Paklenica-** und der **Plitvice-Nationalpark**, der südliche **Velebit** und die Gebirge Mitteldalmatiens. Besonders reizvolle Wanderwege sind z. B. der **Premušic-Pfad** (57 km im Velebit), der **Höhenwanderweg Dalmacija** durch die Gebirge Mitteldalmatiens (Kozjak, Mosor, Omišer, Biokovo, 120 km, ca. 7 Tage), der **Höhenwanderweg Biokovo** von Gornja Brjela bis zur Neretva (ca. 4 Tage) und der **Öko-Lehrpfad Jure Radić**, ein Lehrpfad in 15 Stationen durch das Biokovo-Gebirge (33 km). Diese Touren setzen Bergerfahrung und gute Ausrüstung voraus. Im **Krka-Nationalpark** und auf vielen bequemen Wegen entlang der Küste können aber auch Ungeübte herrliche Spaziergänge unternehmen.

Weitere **Informationen** erhält man von den Fremdenverkehrsämtern und den Bergwandervereinen: HPD Biokovo, Dalmatinska 5, 21300 Makarska, Tel. 021/61 64 55; HPK Split, Hrvatske mornarice 10, 21000 Split sowie HPD Mosor, Marmontova 2, 21000 Split.

Windsurfen

Die Küste Dalmatiens ist ein Dorado für Windsurfer, insbesondere die Insel Brač und die Halbinsel Pelješac genießen in Surferkreisen einen guten Ruf. Kräftige Winde bieten auch das Goldene Horn bei Bol (Brač) und der Kanal zwischen Korču-

Sport – Statistik – Unterkunft

la und der Halbinsel Pelješac. Die meisten Hotels und Campingplätze verleihen Surfbretter und bieten Surfkurse an.

■ Statistik

Geographie: Dalmatien umfasst eine Fläche von 11 500 km^2 und erstreckt sich in einem nach Südosten immer schmaler werdenden Streifen über rund 360 km von Starigrad-Paklenica bis zur Bucht von Kotor. Im Nordosten reicht es bis zu 80 km tief ins bergige Hinterland (Dalmatinska Zagora) hinein, während es im Südosten einen nur 10–20 km breiten Küstenstreifen umfasst. Einen wesentlichen Bestandteil Dalmatiens bilden die fast 1000 vorgelagerten Inseln und Riffe. Sie waren einst Gipfelketten des Dinarischen Gebirges, dessen Täler durch das Ansteigen des Meeresspiegels nach der letzten Eiszeit im Meer versunken sind. Die größten sind Brač (394 km^2), Hvar (300 km^2), Korčula (279 km^2) und Mljet (100 km^2). Wegen der extremen Ausfransung der Küste durch Buchten und Fjorde ist die Küstenlinie des Festlands gut 1000 km lang und die aller Inseln zusammen fast 4000 km. Im nördlichen Teil zwischen Zadar und Split wird die Küste von flachem und fruchtbarem Hügelland gesäumt, während südlich von Split die schroffen Karstgebirge der Dinarischen Alpen steil aus dem Meer aufsteigen. Sie werden nur von zwei größeren Flüssen durchbrochen: der Cetina bei Omiš und der Neretva bei Ploče. Am höchsten ist das Biokovo-Gebirge, das mit dem Sveti Jure bei Makarska stolze 1767 m erreicht. Der höchste Gipfel aller adriatischen Inseln ist der 778 m hohe Vidovica auf Brač.

Verwaltung: Politisch gliedert sich Dalmatien in vier Bezirke, die Gespanschaften (*Županije*) genannt werden: Zadar, Šibenik-Knin, Split-Dalmatien und Dubrovnik-Neretva.

Bevölkerung: Dalmatien hat 860 000 Einwohner, davon leben 205 000 im Wirtschafts- und Verwaltungszentrum Split, 83 000 in Zadar, 52 000 in Šibenik und 49 000 in Dubrovnik. Von den Inseln ist Korčula mit 17 000 Einwohnern am stärksten besiedelt, gefolgt von Brač (14 000) und Hvar (11 500). Die meisten übrigen Inseln sind nur dünn besiedelt oder unbewohnt.

Wirtschaft: Traditionelle Wirtschaftszweige sind Fischfang, Ackerbau und Schafzucht. Obst und Gemüse werden überwiegend im Küstenland Norddalmatiens zwischen Zadar und Split sowie im Neretva-Delta angebaut, während sich die steilen Küsten und kargen Inseln Mittel- und Süddalmatiens meist nur für Wein, Oliven und Schafzucht eignen. Größere Industrieanlagen gibt es nur in der Region um Split. Mit Abstand der wichtigste Wirtschaftszweig ist seit Jahrzehnten der Tourismus. Nach dem Ausbleiben der Urlauber während des Krieges 1991–95 sind die Zahlen wieder angestiegen und haben 1998 bereits über 50 % der Vorkriegsstände erreicht. Durch den Krieg im Kosovo, obwohl er Dalmatien überhaupt nicht betroffen hat, erlitt der Tourismus nochmals einen starken Einbruch, von dem er sich allmählich erholt.

■ Unterkunft

Durch die Anhebung des Hotelstandards auf das Niveau der übrigen Mittelmeerländer (der allerdings noch nicht überall erreicht ist) sind auch die Preise für Unterkünfte angestiegen. Vom Image eines Billigreiselandes hat man sich verabschiedet. Außerhalb der Hauptsaison (Juli/August) liegen die Preise um bis zu 50 % niedriger und bei Buchung einer Pauschalreise kann man etwa 30 % sparen. Während der Hauptsaison ist eine Reservierung über einen Reiseveranstalter zu empfehlen. Detailliertere Informationen und Preise von Hotels, Privatunterkünften und Campingplätzen enthalten die jährlich herausgegebenen Broschüren der Kroatischen Zentrale für Tourismus [s. S. 125]. Empfehlungen bieten die **Praktischen Hinweise** bei den Ortsbeschreibungen im Haupttext.

Camping

Die dalmatinische Küste ist ein traditionelles Camperland mit zahlreichen schönen Plätzen. Fast alle liegen direkt am Strand. Nördlich von Split und auf vielen der Inseln gibt es nur wenige große Plätze, dafür aber zahlreiche kleine und teilweise sehr liebevoll ausgestattete Privatplätze, die in vielen Verzeichnissen fehlen. Eine detaillierte Beschreibung guter Campingplätze enthält der jährlich erscheinende **ADAC Camping Caravaning Führer, Band Südeuropa**, der – auch als CD-Rom – im Buchhandel oder bei den ADAC-Geschäftsstellen erhältlich ist. Darüber hinaus informiert der ebenfalls jährlich erscheinende **ADAC Urlaubsführer Europa** über das Angebot an Bungalows und Mobilheimen auf Campingplätzen in Dalmatien.

Ferienhäuser und Privatunterkünfte

In allen Urlaubsgebieten Dalmatiens werden komplett ausgestattete Ferienhäuser oder -wohnungen (*Apartmani*) angeboten – meist in Feriensiedlungen oder als Teil eines Hotelkomplexes am Meer, sodass man Angebote und Einrichtungen des Hotels mitbenutzen kann. Privatzimmer (*Sobe*), Privatpensionen und private Ferienwohnungen gibt es in verschiedenen Kategorien, mit Frühstück, manchmal auch mit Halbpension. Viele kleinere Inseln und manche Ferienorte bieten ausschließlich Privatunterkünfte. Auskünfte erhält man von den örtlichen Fremdenverkehrsämtern.

Hotels

Die meisten Ferienhotels wurden zur Zeit des großen Tourismusbooms in den 1960er-Jahren als wenig ansprechende Betonklötze aus dem Boden gestampft. Äußerlich sind diese überwiegend einfachen bis durchschnittlichen **Mittelklassehäuser** auch heute nicht eben attraktiv, aber sie liegen fast immer unmittelbar am Strand, sind kinderfreundlich und bieten ein vielfältiges Sport- und Freizeitprogramm. In der Regel sind sie von Mitte April–Mitte Okt. geöffnet.

Jugendherbergen

Jugendherbergen gibt es nur in **Borik** bei Zadar (Obala Kneža Tripmira 78, Tel. 023/33 11 45, Fax 023/33 11 90, 15. 4.–15.10.), in **Šubićevac** bei Šibenik (Put Lugušta, Tel./Fax 022/2 64 10, 1.5.–15. 10.) und **Dubrovnik** (Vinka Sagrestana 3, Eingang: Bana J. Jelačića 15/17, Tel. 020/42 32 41, Fax 020/41 25 92, 15. 4.–31.10.). Reservierung mind. 10–20 Tage vorher!

◼ Verkehrsmittel im Land

Bahn

Die Bahn ist für Reisen innerhalb Dalmatiens ungeeignet, da es keine durchgehende Bahnlinie entlang der Küste gibt. Lediglich Zadar, Šibenik und Split kann man von Knin aus mit dem Zug erreichen.

Bus

Die Busverbindungen entlang der gesamten Küste sowie auf den und teils auch zu den Inseln sind preisgünstig und sehr gut. Das dichte Netz ermöglicht es, auch kleinere Orte zu erreichen. Fahrkarten (*Karte*) bekommt man in den meist zentral gelegenen Busbahnhöfen (*Busna stanica*).

Mietwagen

An den Flughäfen und in fast allen größeren Touristenorten kann man Autos mieten. Die Preise der internationalen Vermieter sind allerdings recht hoch, meist deutlich günstiger sind einheimische Anbieter. Auch Fly & Drive-Arrangements können spürbare Ermäßigungen bringen. Der Fahrer muss mindestens 23 Jahre alt sein und seit drei Jahren den Führerschein haben. Für Mitglieder bietet die **ADAC-Autovermietung GmbH** günstige Konditionen. Buchungen über ADAC-Geschäftsstellen oder unter Tel. 018 05/ 31 81 81 (0,14 €/Min.).

Schiff

Zu allen größeren Inseln fahren kleine **Autofähren** (*Trajekt*) von Jadrolinija – in der Saison oft stündlich oder nach Bedarf. Reservierungen sind für diese Lokalfähren nicht möglich. Nähere Informationen, Preisauskünfte und Fahrpläne erhält man von der Gesellschaft Jadrolinija [s. S. 127] und von Hafenbüros in fast allen Fährhäfen. **Schnellfähren** bieten gute und komfortable Verbindungen entlang der Küste und zu vielen Inseln. Sie verkehren während der Saison täglich auf der Route Rijeka–Split–Dubrovnik mit zahlreichen Zwischenstopps, die jedoch nicht bei jeder Fahrt die gleichen sind, sodass die Fahrzeit für die Gesamtstrecke zwischen 17 und 23 Stunden schwankt. Für diese Fähren sind längerfristige Reservierungen erforderlich, wenn man ein Fahrzeug mitnehmen will [s. S. 127]. Von fast allen Urlaubszentren gibt es kleine **Personen- und Ausflugsboote**, die Urlauber auf unbesiedelte Inseln und an abgelegene Buchten und Strände fahren.

Taxi

Taxistände findet man in allen größeren Städten an Busbahnhöfen, Häfen und Bahnstationen. Die Preise sind festgelegt und der Taxameter muss eingeschaltet werden. An vielen Taxiständen sind die Tarife auf einer Tafel angegeben.

Sprachführer

Kroatisch für die Reise

■ Das Wichtigste in Kürze

Ja/Nein	Da/Ne
Bitte/Danke	Molim/Hvala
In Ordnung!/Ich bin einverstanden!	U redu!/ Pristajem!
Entschuldigung!	Oprostite!
Wie bitte?	Kako molim?
Ich verstehe Sie nicht.	Ja Vas ne razumjem.
Ich spreche nur wenig Kroatisch.	Ja govorim samo malo hrvatski.
Können Sie mir bitte helfen?	Možete li mi molim Vas pomoći?
Das gefällt mir (nicht).	To mi se (ne) sviđa.
Ich möchte ...	Htio/htjela* bih ...
Haben Sie ...?	Imate li ...?
Wie viel kostet ....?	Koliko košta ...?
Kann ich mit Kreditkarte bezahlen?	Dali mogu platiti sa kreditnom kartom?
Wie viel Uhr ist es?	Koliko je sati?
Guten Morgen!	Dobro jutro!
Guten Tag!	Dobar dan!
Guten Abend!	Dobra večer!
Gute Nacht!	Laku noć!
Hallo!/Grüß dich!	Halo!/Zdravo!
Wie ist Ihr Name, bitte?	Kako se zovete, molim?
Mein Name ist ...	Ja se zovem ...
Wie geht es Ihnen?	Kako ste?
Auf Wiedersehen!	Do viđenja!
Tschüs!	Zbogom!
Bis bald!	Do skora!
Bis morgen!	Do sutra!

gestern/heute/morgen	jučer/danas/sutra
am Vormittag / am Nachmittag	prije podne/ poslije podne
am Abend/ in der Nacht	na večer/ u noći
um 1 Uhr/ um 2 Uhr usw.	u jedan sat/ u dva sata ...
um Viertel vor …/ nach ...	u četvrt do .../ u ... i četvrt
um ... Uhr 30	u ... sata i trideset
Minute(n)/Stunde(n)	minuta (minute)/ sat (sata, sati)
Tag(e)/Woche(n)	dan(i)/tjedan (tjeđni)
Monat(e)/Jahr(e)	mjesec(i)/godina (godine)

■ Wochentage

Montag	ponedjeljak
Dienstag	utorak
Mittwoch	srijeda
Donnerstag	četvrtak
Freitag	petak
Samstag	subota
Sonntag	nedjelja

■ Monate

Januar	siječan
Februar	veljača
März	ožujak
April	travanj
Mai	svibanj
Juni	lipanj
Juli	srpanj
August	kolovoz
September	rujan
Oktober	listopad
November	studeni
Dezember	prosinac

■ Zahlen

0	nula	19	devetnaest
1	jedan	20	dvadeset
2	dva	21	dvadeset i jedan
3	tri	22	dvadeset i dva
4	četiri	30	trideset
5	pet	40	četrdeset
6	šest	50	pedeset
7	sedam	60	šezdeset
8	osam	70	sedamdeset
9	devet	80	osamdeset
10	deset	90	devedeset
11	jedanaest	100	sto
12	dvanaest	200	dvjesta
13	trinaest	2 000	dvije tisuće
14	četrnaest	10 000	deset tisuća
15	petnaest	100 000	milijun
16	šestnaest	½	polovica
17	sedamnaest	¼	četvrt
18	osamnaest		

■ Maße

Kilometer	kilometar(-tra)
Meter	metar(-tra)
Zentimeter	centimetar(-tra)
Kilogramm	kilogram(a)
Gramm	gram(a)
Liter	litar (litra)

_____

*Htio/htjela** = männl./ weibl. Wortform

Unterwegs

Nord/Süd/Ost/ West	sjever/jug/istok/ zapad
oben/unten	gore/dole
geöffnet/geschlossen	otvoreno/zatvoreno
geradeaus/links/ rechts/zurück	ravno/lijevo/ desno/nazad
nah/weit	blizu/daleko
Wie weit ....?	Koliko daleko ...?
Wo sind die Toiletten?	Gdje su zahodi?
Wo ist die (der) nächste .... Telefonzelle/ Bank/ Geldautomat/ Post/ Polizei?	Gdje je slijedeča (slijedeči) ... telefonska govornica/ banka/ automat za novce/ pošta/ policija?
Bitte, wo ist ... der Hauptbahnhof/ die U-Bahn/ der Flughafen?	Molim Vas, gdje je ... glavni kolodvor/ podzemna željeznica/ aerodrom?
Wo finde ich ... eine Bäckerei/ Fotoartikel/	Gdje mogu naći ... pekaru/ fotografske potrepštine/
ein Kaufhaus/ ein Lebensmittel- geschäft/ den Markt?	robnu kuću/ trgovinu živežnih namirnica/ tržnicu?
Ist das der Weg/ die Straße nach ...?	Dali je ovo put/ ulica za ...?
Ich möchte mit ... dem Zug / dem Schiff/ der Fähre/ dem Flugzeug nach ... fahren.	Htio/htjela* bih putovati ... vlakom/ brodom/ trajektom/ avionom u ...
Gilt dieser Preis für Hin- und Rückfahrt?	Jeli to cjena za povratnu kartu?
Wie lange gilt das Ticket?	Do kada vrijedi karta?
Wo ist das Fremden- verkehrsamt/ das Reisebüro?	Gdje se nalazi turistički ured/ putnički ured?
Ich suche eine Hotel- unterkunft.	Tražim hotelski smještaj.
Wo kann ich mein Gepäck lassen?	Gdje mogu ostaviti moju prtljagu?
Ich habe meinen Koffer verloren.	Ja sam izgubio / izgubila*/ moj kofer.
Ich möchte eine Anzeige erstatten.	Htio/htjela* bih napraviti prijavu.
Man hat mir ... Geld/die Tasche/ die Papiere/ die Schlüssel/ den Fotoapparat/ den Koffer/ das Fahrrad gestohlen.	Netko mi je ukrao ... novce/torbu/ dokumente/ ključeve/ foto aparat/ kofer/ biciklu.

Freizeit

Ich möchte ein ... Fahrrad/ Mountainbike/ Motorrad/ Surfbrett/ Boot/ Pferd mieten.	Htio/htjela* bih unajmiti ... biciklu/ mountainbike/ motocikl/ dasku za jedrenje/ brod/ konja.
Gibt es ein(en) ... Freibad/ Golfplatz/ Strand in der Nähe?	Dali postoji u blizini ... otvoreni bazen/ teren za golf/ plaža?
Wann hat .... geöffnet?	Kada je otvoren/ otvorena* ...?

Bank, Post, Telefon

Ich möchte Geld wechseln.	Htio/htjela* bih promjeniti novce.
Brauchen Sie meinen Ausweis?	Trebate li moju osobnu iskaznicu?
Wo soll ich unter- schreiben?	Gdje da potpišem?
Ich möchte eine Telefonverbindung nach ...	Htio/htjela* bih telefonsku vezu sa ...
Wie lautet die Vorwahl für ....?	Kako glasi pozivni broj za ...?
Wo gibt es ... Münzen für den Fernsprecher/ Telefonkarten/ Briefmarken?	Gdje mogu dobiti ... žetone za telefon/ telefonske kartice/ poštanske marke?

Hinweise zur Aussprache

c	wie ›z‹, Bsp.: bo**c**a
č	wie ›tsch‹, Bsp.: **č**aj
ć	wie ›tch‹, Bsp.: vo**ć**e
dž	wie ›dsch‹, Bsp.: patli**dž**ani
Đđ	wie ›dj‹ (d und breites j zusammen), Bsp.: grož**đe**
e	wie ›e, ä‹
h	wie ›h, ch‹
lj	wie ›lj‹ (sehr eng zusammen), Bsp.: u**lj**e
nj	wie ›nj‹ (sehr eng zusammen), Bsp.: ko**nj**
r	wie ›r‹ (kräftig rollen), Bsp.: **r**iba
s	wie ›ss, ß‹, Bsp.: me**s**o
š	wie ›sch‹, Bsp.: **š**unka
v	wie ›w‹, Bsp.: **v**oda
z	wie ›s‹, Bsp.: bei**z**u
ž	wie ›sch‹, Bsp.: **ž**eton

Tankstelle

Wo ist die nächste Tankstelle?	Gdje se nalazi slijedeča benzinska stanica?
Ich möchte ... Liter ...	Htio/htjela* bih.... litra ...
Super/	supera/
Diesel/	dizela/
bleifrei.	bez olovnog.
Volltanken, bitte.	Napunite molim rezervoar.
Bitte prüfen Sie ...	Kontrolirajte molim ...
den Reifendruck/	pritisak u gumama/
den Ölstand/	ulje/
den Wasserstand/	vodu/
das Wasser für die Scheibenwischanlage/	vodu za brisače/
die Batterie.	akumulator.
Würden Sie bitte ...	Molim Vas da mi ...
den Ölwechsel vornehmen/	promjenite ulje/
den Radwechsel vornehmen/	promjenite gumu/
die Sicherung austauschen/	zamjenite osigurač/
die Zündkerzen erneuern/	promjenite svijećice/
die Zündung nachstellen.	naštimate paljenje.

Panne

Ich habe eine Panne.	Dogodila mi se prometna nezgoda.
Der Motor startet nicht.	Motor se ne može upaliti.
Ich habe die Schlüssel im Wagen gelassen.	Zaboravio/zaboravila* sam ključeve u kolima.
Ich habe kein Benzin/	Nemam više benzina/
Diesel.	dizela.
Gibt es hier in der Nähe eine Werkstatt?	Postoji li ovdje u blizini autoradionica?
Können Sie mir einen Abschleppwagen schicken?	Možete li mi poslati kola za odvlačenje?
Können Sie den Wagen reparieren?	Možete li auto popraviti?
Bis wann?	Do kada?

Mietwagen

Ich möchte ein Auto mieten.	Htio/htjela* bih unajmiti auto.
Was kostet die Miete ...	Koliko košta najam …
pro Tag/	na dan/
pro Woche/	na tjedan/

mit unbegrenzter km-Zahl/	sa neograničenim brojem kilometara/
mit Kaskoversicherung/	sa kasko osiguranjem/
mit Kaution?	sa kaucijom?
Wo kann ich den Wagen zurückgeben?	Gdje mogu vratiti auto?

Unfall

Hilfe!	U pomoć!
Achtung!/Vorsicht!	Pozor!/Oprez!
Rufen Sie bitte schnell ...	Pozovite molim Vas brzo ...
einen Krankenwagen/	hitnu pomoć/
die Polizei/	policiju/
die Feuerwehr.	vatrogasce.
Es war meine Schuld.	Bila je moja krivnja.
Es war nicht meine Schuld.	Nije bila moja krivnja.
Geben Sie mir bitte Ihren Namen und Ihre Adresse.	Dajte mi molim Vas Vaše ime i Vašu adresu.
Ich brauche die Angaben zu Ihrer Autoversicherung.	Trebam podatke od Vašeg osiguranja.

Krankheit

Können Sie mir einen guten Deutsch sprechenden Arzt/ Zahnarzt empfehlen?	Možete li mi preporučiti jednog dobrog liječnika/ zubara koji govori njemački?
Wann hat er Sprechstunde?	Kada on ordinira?
Wo ist die nächste Apotheke?	Gdje se nalazi sljedeča ljekarna?
Ich brauche ein Mittel gegen ...	Trebam sredstvo protiv ...
Durchfall/	proljeva/
Halsschmerzen/	grlobolje/
Verstopfung/	začepljenja/
Zahnschmerzen.	zubobolje.

Im Hotel

Können Sie mir ein Hotel/ eine Pension empfehlen?	Možete li mi preporučiti jedan hotel/ pansion?
Ich habe bei Ihnen ein Zimmer reserviert.	Rezervirao/ rezervirala* sam kod Vas jednu sobu.
Haben Sie ein Einzel-/ Doppelzimmer ...	Imate li jednokrevetnu/dvokrevetnu sobu ...
mit Dusche/Bad/	sa tušom/kadom/
WC/	WC (zahodom)/
für eine Nacht/	za jednu noć/

für eine Woche/ mit Blick aufs Meer?	za jedan tjedan/ sa pogledom na more?
Was kostet das Zimmer ...	Koliko košta soba ...
mit Frühstück/	sa doručkom/
mit Halbpension/	sa polu pansionom/
mit Vollpension?	sa punim pansio- nom?
Wie lange gibt es Frühstück?	Do kada se može doručkovati?
Ich möchte um ... Uhr geweckt werden.	Probudite me molim Vas u ... sata/sati.
Ich reise heute abend/ morgen früh ab.	Ja ču večeras/ sutra u jutro odputovati.
Haben Sie ein Fax- gerät/Hotelsafe?	Imate li telefaks/ hotelski trezor?
Kann ich mit Kredit- karten zahlen?	Mogu li platiti sa kreditnom karticom?

Im Restaurant

Ich suche ein gutes Restaurant.	Tražim jedan dobar restoran.
Ich suche ein günsti- ges Restaurant.	Tražim jedan restoran pristupačnih cijena.
Herr Ober!/Kellner!/ Bedienung!	Gospon konobar!
Die Speisekarte, bitte.	Jelovnik, molim Vas.
Welches Gericht können Sie beson- ders empfehlen?	Koje bi jelo mogli posebno preporučiti?
Ich möchte das Tagesgericht/ das Menü (zu ...).	Ja bih htio/ htjela* dnevni meni (...)
Ich möchte nur eine Kleinigkeit essen.	Ja bih htio/htjela* samo jednu sitnicu pojesti.
Haben Sie ...	Dali imate ...
vegetarische Gerichte/	vegetarijanska jela/
offenen Wein/	otvoreno vino/
alkoholfreie Getränke?	bezalkoholna pića?
Kann ich bitte ...	Dali mogu dobiti ...
ein Messer/	nož/
eine Gabel/	viljušku/
einen Löffel haben?	žlicu?
Darf man rauchen?	Smije li se pušiti?
Die Rechnung/ Bezahlen, bitte!	Račun/ Platiti, molim!

Essen und Trinken

Apfel	jabuka
Artischocken	artičoki
Auberginen	patlidžani
Bier	pivo
Birne	kruška
Brot/Brötchen	kruh/žemlja
Butter	maslac
Ei	jaje
Eiscreme	sladoled
Erbsen	grašak
Erdbeeren	jagode
Essig	ocat
Feigen	smokve
Fisch	riba
Flasche	boca
Fleisch	meso
Fruchtsaft	voćni sok
Frühstück	doručak
gegrillt	sa roštilja
Gemüse	povrće
Glas	čaša
Huhn	kokoš
Kaffee mit aufgeschäumter Milch	kapuciner
Kaffee, kleiner, starker	espreso
Kaffee, kleiner, mit wenig Milch	espreso sa mlijekom (machiato)
Kalbfleisch	teleće meso
Kalbshaxenscheibe	teleća koljenica
Kartoffeln	krumpiri
Käse	sir
Knoblauch	bijeli luk
Lamm	janjetina
Leber	jetra
Maisbrei	polenta
Mangold	blitva
Milchkaffee	bijela kafa
Mineralwasser (mit/ohne Kohlen- säure)	mineralna voda (sa sodom/ bez sode)
Muscheln	školjke
Nachspeise	desert
Nudeln	pašta
Obst	voće
Öl	ulje
Oliven	masline
Olivenöl	maslinovo ulje
Orange	naranče
Parmesankäse	parmezan
Pfannkuchen	palačinke
Pfeffer	papar
Pfirsich	breskva
Pilze	gljive
Salat	salata
Salz	sol
Schinken	šunka, pršut
Schweinefleisch	svinjsko meso
Spinat	špinat
Strudel	savijača
Suppe	juha
Tee	čaj
Tomaten	rajčica
Vorspeise	predjelo
Wein	vino
Weißwein	bijelo vino
Rotwein	crno vino
Roséwein	rose vino
Weintrauben	grožđe
Zucker	šećer

ADAC Reiseführer in Top-Qualität. Pro Band 300–600 Sehenswürdigkeiten, 140–180 farbige Abbildungen und rund 40 TOP TIPPS.

ADAC Reiseführer plus kombinieren Top-Reiseführer mit perfekten CityPlänen, Länder-Karten oder UrlaubsKarten. Kompakt und komplett im praktischen Klarsicht-Set!

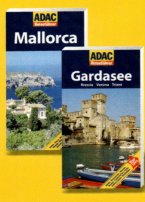

Lieferbare Titel:

Ägypten
Algarve
Allgäu
Amsterdam
Andalusien
Australien
Bali & Lombok
Baltikum
Barcelona
Berlin
Bodensee
Brandenburg
Brasilien
Bretagne
Budapest
Bulg. Schwarz-
 meerküste
Burgund
City Guide
 Deutschland
City Guide
 Germany
Costa Brava &
 Costa Daurada
Côte d'Azur
Dänemark
Dominikanische
 Republik
Dresden
Dubai, Vereinigte
 Arabische
 Emirate, Oman
Elsass
Emilia Romagna
Florenz
Florida
Franz. Atlantik-
 küste
Fuerteventura
Gardasee
Golf von Neapel
Gran Canaria
Hamburg
Harz

Hongkong &
 Macau
Ibiza & Formentera
Irland
Israel
Istrien & Kvarner
 Golf
Italienische Adria
Italienische
 Riviera
Jamaika
Kalifornien
Kanada – Der Osten
Kanada –
 Der Westen
Karibik
Kenia
Korfu & Ionische
 Inseln
Kreta
Kuba
Kroatische Küste –
 Dalmatien
Kykladen
Lanzarote
Leipzig
London
Madeira
Mallorca
Malta
Marokko
Mauritius &
 Rodrigues
Mecklenburg-
 Vorpommern
Mexiko
München
Neuengland
Neuseeland
New York
Niederlande
Norwegen
Oberbayern
Österreich

Paris
Peloponnes
Piemont,
 Lombardei,
 Valle d'Aosta
Polen
Portugal
Prag
Provence
Rhodos
Rom
Rügen, Hiddensee,
 Stralsund
Salzburg
Sardinien
Schleswig-
 Holstein
Schottland
Schwarzwald
Schweden
Schweiz
Sizilien
Spanien
St. Petersburg
Südafrika
Südengland
Südtirol
Sylt
Teneriffa
Tessin
Thailand
Toskana
Türkei – Südküste
Türkei – Westküste
Tunesien
Umbrien
Ungarn
USA – Südstaaten
USA – Südwest
Usedom
Venedig
Venetien & Friaul
Wien
Zypern

Lieferbare Titel:

Ägypten
Allgäu
Amsterdam
Andalusien
Baltikum
Barcelona
Berlin
Berlin (engl.)
Bodensee
Brandenburg
Budapest
Côte d'Azur
Dänemark
Deutschland – Die
 schönsten Autotouren
Dresden
Franz. Atlantikküste
Fuerteventura
Gardasee
Gran Canaria
Hamburg
Harz
Irland
Istrien & Kvarner Golf
Ital. Adria
Ital. Riviera
Korfu/Ionische Inseln
Kreta
Kuba
Kroatische Küste –
 Dalmatien
Lanzarote 8/2007
Leipzig
London
Mallorca
Mecklenburg-Vorpommern
München
New York
Niederlande 8/2007
Norwegen
Oberbayern
Österreich
Paris
Polen

Portugal
Prag
Rhodos
Rom
Rügen, Hiddensee, Stralsund
Salzburg
Sardinien
Schleswig-Holstein
Schottland 8/2007
Schwarzwald
Schweden
Schweiz
Sizilien
St. Petersburg
Südafrika 8/2007
Südtirol
Sylt
Teneriffa
Toskana
Türkei – Südküste
Türkei – Westküste
Usedom
Venedig
Wien

Weitere Titel in Vorbereitung.

Mehr erleben, besser reisen.

Register

A

Aleši, Andrija 66
Altkroatische Kunst 22 f., 29, 32, 37, 45, 66, 69, 75, 79, 92, **93**
Andrijić, Marko 105
Archipel von Šibenik 60 f.

B

Badija 106
Baničević, Jakov 106
Baška Voda 93
Betina 48, 131
Biograd na Moru 36, 44, **45 f.**
Biokovo-Massiv 91, 133, 134
Biševo 89
Bogišić, Baltazar 119
Bokovac, Vlaho 119
Bol **80 f.**, 83, 130, 134
Božava 32
Božidarević, Nikola 121
Brač 9, 12, 13, 54, 57, 71, **77 – 83**, 84, 93, 99, 104, 127, 128, 133, 134
Branimir, kroatischer Fürst 13, 37
Brela 93 f.
Bürgerkrieg 6, 11, 15, 19 f., 29, 54, 109, 110, 134
Budislavljić, Ivan 66
Buvina, Andrija 72
Byzanz 11, 12 f., 22 f., 38, 61, 71, 81, 104, 109

C

Capogrosso, Marco 54
Cava, Onofrio della 113, 115, 116
Cavtat 119 f.
Cetina-Kultur 12
Cetina-Schlucht 10, 91, **92**, 132
Čiovo 68
Čipiko, Koriolano 69

D

Dalmatinac, Juraj 54 f., **57**, 69, 74, 79, 111
Danilo-Kultur 12
Delmater 12
Dimitrios von Hvar 12
Diokletian 12, 13, **71**, 72, 73
Dobrićević, Lovrin 120
Don Milićević 81
Donje Čelo 121
Donner, Raphael 105
Dračeva luka 81
Drvenik 97
Dubrovnik 6, 10, 11, 13, 14, 50, 57, 99, 104, **109 – 119**, 120, 122, 126, 127, 130, 132, 134, 135
Dominikanerkloster 115
Fort Bokar 111
Fort Minčeta 111
Fort Revelin 112
Fort Sveti Ivan 112

Großer Onofriobrunnen 113
Gundulićeva poljana 117
Ikonenmuseum 117
Katedrala Sveti Gospa 116 f.
Klarissinnenkloster 114
Kleiner Onofriobrunnen 115
Klostermuseum 113
Museum Rupe 118
Palača Sponza 115
Pile-Tor 110, 111
Placa Luža 114 – 117
Ploče-Tor 113
Rektorenpalast 116
Stadtbefestigung 110 – 113
Stadtmauer 111
Stadtmuseum 116
Stradun 113
Sveti Ignacijo 117 f.
Sveti Spas 113
Sveti Vlaho 114
Uhrturm 114
Dugi Otok 18, **30 – 33**, 35, 131, 133
Duknovic 66

E

Elaphiten-Archipel 10, 109, **120 ff.**

F

Ferdinand I., kroatischer König 14
Fiorentinac, Nikola **54**, 66, 79, 103
Fiorentino, Niccolo *siehe* Fiorentinac

G

Galevac 26
Glagoliza (Glagolitische Schrift) 26, 29, 37, **38**, 96
Goldenes Horn *siehe* Zlatni rat
Gradac 91, 97
Grapčeva špilja 86
Gregor III., Papst 13
Grgur Ninski 37, 39, 74
Griechen 12, 64, 76, 84, 85, 89, 101, 104, 122
Grohote 83
Gundulić, Ivan 117

H

Habsburger Reich 11, 14, 53, 71 f., 110
Hektorović, Petar 85
Hvar (Insel) 12, 13, 14, 71, **84 – 89**, 99, 104, 106, 128, 130, 131, 132, 134
Hvar (Stadt) 71, **86 ff.**

I

Idassa *siehe* Zadar
Igrane 97
Illyrer 12, 18, 37, 45, 56, 71, 79, 89, 101
Innozenz IV., Papst 38
Ist 33 f.
Iška Kralj 30, 131
Iž 30, 131

J

Jelsa 84, 86, 131
Jezera 48
Johannes VIII., Papst 13, 37
Johannes von Ravenna 13, 74

K

Kačić Miošić, Andrija 94
Kakan 61
Kaprije 61
Karstphänomene **36 f.**, 39
Kaštela 53, **68 f.**
Klis 76
Kokolja, Tripo 105
Koločep 109, 121
Koločepski kanal 109
Koloman, ungarisch-kroatischer König 13, 18, 45, 64
Komiža 89
Konavle-Tal 120
Korčula (Insel) 10, 13, 14, 50, 99, 101, 103, **104 – 107**, 130, 133, 134
Korčula (Stadt) 104 f.
Kornat 35 f.
Kornaten-Archipel 9, 18, 31, **35 ff.**, 44, 49, 133
Kožičić, Šimun 26
Kraj 27
Krapanj 61
Krka-Nationalpark 8, 53, **58 ff.**
Kroatischer Frühling 14, 15
Kukljica 27
Kyrilliza (Kyrillische Schrift) 11, 38
Kyrillos 38

L

Ladislaus von Neapel 13, 19, 91
Lastovo 14, 106, 130
Lokrum 118
Lopud 109, **121 f.**
Ludwig I. von Anjou, ungarisch-kroatischer König 21 f., 24
Lumbarda 106

M

Makarska 13, **94 f.**, 97, 130, 133, 134
Makarska-Riviera 10, 91, 93

141

Marco Polo 105
Martino, Pietro di 115
May, Karl 39, 41
Meštrović, Ivan 39, 74, 75, 110, 120
Methodios 38
Milano, Bonino da 54, 104
Milna 79
Mljet 10, 99, 101, 109, **122 f.**, 128, 134
Molat 33 f.
Molunat 120
Moreška 106, **107**, 131
Mosor-Gebirge 91
Murter 44, **48 ff.**, 131
Murterski kanal 48, 50

N

Napoleon I. 14, 64, 72, 110
Nationalpark Biokovo 95
Nazor, Vladimir 78
Neretva-Delta 9, 10, 91, **99**, 133, 134
Nerežišća 78, 80
Neum 10, 91, **99 f.**
Nin 18, **37 ff.**, 131

O

Omiš 13, **91 ff.**, 131, 132, 134
Omiško-Gebirge 10, 91
Orebić 101, 102 f., 104
Orthodoxe Kirche 11, 38, 57
Osmanen *siehe* Türken
Österreichisch-ungarisches Königreich *siehe* Habsburger Reich
Ostgoten 12, 104

P

Paklenica-Nationalpark 8, 18, **39 ff.**, 44, 132, 133
Pakoštane 44, **46 ff.**
Pašman 18, **27 ff.**, 45
Pašmanski kanal 45, 46
Pavelić, Ante 15
Pavlović, Marko 105
Pelješac 10, 99, **101–104**, 109, 121, 134
Pelješki kanal 104
Petar Krešimir, kroatischer König 45, 53
Pharos *siehe* Stari Grad
Pirovac 44, 48
Plitwitzer-Seen-Nationalpark 8, 18, **41 ff.**, 133
Ploče 91, **99**, 134
Podgora 97
Polače 123
Poljica 13, 91, 92, **96**
Pomena 123
Pozzo, Andrea 117 f.
Preko 26
Primošten 36, 53, **62 f.**, 130
Privić 60
Privić Luka 60
Pučišća 79

R

Radišić, Mihoč 103
Radovan, kroatischer Bildhauer 65
Ragusa *siehe* Dubrovnik
Rapallo, Vertrag von 19, 53 f.
Ravenna 13, 22 f.
Ravni Kotari 18, 44
Richard Löwenherz 116
Rogoznica 53, **63**
Römer 10 f., 12, 18, 22, 24, 26, 31, 36, 37, 38, 45, 60, 64, 71, 76, 78, 79, 85, 91, 94, 101, 104, 109, 130
Römisch-Illyrische Kriege 12
Rosandić, Tomo 78

S

Sakarun 32
Sali 31, 131
Salona 13, 18, 64, 71, **76**, 78
Salzsee Mir 31
Sanmicheli, Michele 20, 24
Santacroce, Francesco de 88
Savar 31 f.
Segeln *siehe* Wassersport
Šepurine 60
Serben 11, 14 f., 19 f. , 29, 38, 53 f., 109, 110, 129
Sesta, Francesco da 21
Sestrunj 33 f.
Šibenik 6, 11, 12, 13, 36, 44, **53–58**, 79, 131, 134
   Bischofspalast 56
   Festung Sveta Ana 57
   Gospino uznesenje 57
   Katedrala Sveti Jakov 54 f.
   Kleine Loggia 57
   Seetor 54
   Stadtloggia 56 f.
   Stadmuseum 56
   Sveta Barbara 57
   Sveti Frane 54
   Sveti Ivan Krštitelj 57
   Zagrebačka ulica 57
Šibenski kanal 60
Sinj 12, **76 f.**, 131
Sinjska Alka 77, 131
Sinter 18, 36, 42, 43
Šipan 109, 121, 122
Šipanska Luka 122
Sisak 14
Šižgorić, Juraj 55
Skradin 59
Skradinski buk 59
Škrip 78 f.
Šolta 71, 79, **83 f.**
Split 9, 11, 13, 18, 53, 68, **71–77**, 79, 83, 91, 99, 106, 122, 131, 133, 134
   Archäologisches Museum 75
   Berg Marjan 76
   Diokletianspalast 12, 71, **72 f.**, 76, 77
   Dominikanerkloster 75
   Ethnographisches Museum 74
   Franziskanerkloster 75

Galerie Meštrović 75
Katedrala Sveti Duje 72 f.
Museum Kroatischer Archäologischer Denkmäler 75
Museumsviertel 75
Papalić-Palast 74
Peristyl **72**, 73, 74, 77
Porta Aenea 72
Porta Argenta **74**, 75
Porta Aurea 74
Porta Ferrea 74
Prokuratien 74 f.
Städtische Kunstgalerie 75
Sveti Ivan Krštitelj 74
Sveti Roc 72
Trg Brače Radića 74
Splitska 78
Stari Grad 12, 84 f., 86
Starigrad-Paklenica 39 ff., 134
Stjepan II., kroatischer König 13, 93
Ston 99, 101 f.
Stonski kanal 102
Sudjuradj 122
Sukošan 45
Supetar 78, 80
Sveta Marija 123
Sveti Dujma u Kraju 27
Sveti Filip i Jakov 45
Sveti Jure 91, 95 f., 134
Sveti Kuzma i Damjan 29
Sveti Mihovil 26

T

Tauchen *siehe* Wassersport
Telašćica-Bucht 31
Theoderich der Große 12
Tintoretto, Jacopo 85, 105
Tito, Josip Broz 15, 89
Titova špilja 89
Tizian 116
Tkon 27 ff.
Tomislav, kroatischer König 11, 13
Trogir 9, 13, 53, 63, **64–68**
   Čipiko palača 66
   Festung Kamerlengo 68
   Katedrala Sveti Lovro 64 ff.
   Landtor 64
   Loggia 66
   Rathaus 67
   Seetor 67
   Stadtmuseum 66
   Sveta Barbara 66 f.
   Sveti Ivan Krštitelj 67
   Sveti Nikola 67
   Uhrturm 66
   Ulica Kohl-Genschera 64
Trogiranin, Blaž Jurjev 101, 105
Trpanj 101, 102
Trpimir, kroatischer Fürst 13, 37, 93
Trsteno 100 f.
Tučepi 97
Tudjman, Franjo 15
Türken 11, 13, 14, 31, 37, 45, 53, 62, 63, 64, 68, 71, 74, 76, 77, 78, 96

142

U

Ugljan (Insel) 18, **25 ff.**, 30, 33
Ugljan (Stadt) 26

V

Vela Luka 106
Velebit-Gebirge 18, 39, 133
Veli Rat 32
Venedig 13, 14, 18, 19, 29, 37, 45, 53, 64, 71, 76 f., 78, 79, 80, 86, 91, 96, 104, 109
Venentius 12
Venezianische Kunst 24, 65, 68, 74, 75, 93
Vidova Gora 10, **80**
Vinci, Leonardo da 105
Vis 12, 14, 71, **89**
Višeslav, kroatischer Fürst 13, 39, 75
Vodice 36, 44, **51**
Vrana 47
Vransko jezero 44, 46, **47**, 48
Vransko kanal 48
Vrboska 84, **85 f.**
Vušković, Dujam 24

W

Wasserfälle 8, 18, 41, 43, 53, 58, 59
Wassersport 8, 9, 31, 32, 36, 49, **50**, 132 f.
Wladislaw II., ungarisch-kroatischer König 14, 110

Z

Zadar 6, 8, 11, **18–25**, 26, 27, 31, 44, 50, 126, 127, 128, 130, 131, 134, 135
Archäologisches Museum 22
Franziskanerkloster 24
Katedrala Sveti Stošija 23
Loggia der Stadtwache 20
Palača Ghirardini 20
Porta Marina 24
Porta Terraferma 24
Rathaus 20
Römisches Forum 22
Široka ulica 22
Stadtloggia 20
Sveta Marije 23 f.
Sveti Donat 22
Sveti Krševana 24
Sveti Lovro 20
Sveti Šimun 20 ff.
Trg pet bunara 24
Volksmuseum 24
Žirje 61
Zlarin 60 f.
Zlatni rat 77, 80, 81
Žuljana 102
Žut 35 f.
Zvonimir, kroatischer König 69, 74, 76

Impressum

Lektorat und Bildredaktion: Kirsten Winkler
Aktualisierung: Renate Nöldeke, München
Karten: Computerkartographie Carrle, München
Herstellung: Martina Baur
Druck, Bindung: Stürtz GmbH, Würzburg
Printed in Germany

Ansprechpartner für den Anzeigenverkauf:
Kommunalverlag GmbH & Co KG,
MediaCenterMünchen, Tel. 089/92 80 96-44

ISBN 978-3-89905-439-2
ISBN 978-3-89905-543-6 Reiseführer Plus

Gedruckt auf chlorfrei gebleichtem Papier

Neu bearbeitete Auflage 2007
© ADAC Verlag GmbH, München

Das Werk einschließlich aller seiner Teile ist urheberrechtlich geschützt. Jede Verwendung ohne Zustimmung des Verlags ist unzulässig und strafbar. Das gilt insbesondere für Vervielfältigungen, Übersetzungen, Mikroverfilmungen und die Verarbeitung in elektronischen Systemen. Die Daten und Fakten für dieses Werk wurden mit äußerster Sorgfalt recherchiert und geprüft. Wir weisen jedoch darauf hin, dass diese Angaben häufig Veränderungen unterworfen sind und inhaltliche Fehler oder Auslassungen nicht völlig auszuschließen sind. Für eventuelle Fehler können die Autoren, der Verlag und seine Mitarbeiter keinerlei Verpflichtung und Haftung übernehmen.

Bildnachweis

Umschlag-Vorderseite: Blick auf Dubrovnik. *Foto: laif, Köln (Celentano)*
Umschlag-Vorderseite Reiseführer Plus: Insel Korčula mit Ort Korčula. *Foto: Bildagentur Huber, Garmisch-Partenkirchen (O. Fantuz)*

Titelseite
Oben: Kornaten-Archipel (Wh. von S. 34/35)
Mitte: Katarakte im Nationalpark Krka (Wh. von S. 58)
Unten: Hafenansicht von Stari Grad (Wh. von S. 84/85)

AKG, Berlin: 12, 13, 14, 15 – *Ralf Freyer, Freiburg*: 6/7,7, 8 oben, 10 oben, 11, 19, 20/21, 21, 25, 27, 29, 37, 39, 40, 42, 44/45, 46, 48/49, 55 (2), 56 (2), 57, 61, 62/63, 63, 66 (2), 68 unten, 70, 73 unten, 75, 76, 78, 84/85, 85, 86, 87, 88, 90 (2), 92, 98 oben, 101, 108, 111 oben, 112/113, 113, 116 (2), 117 oben, 119, 120, 121, 122, 123, 124 oben, 128 – *Rainer Hackenberg, Köln*: 9, 10 unten, 31, 40/41, 43, 49, 59 unten, 60, 68 oben, 80, 97, 100, 111 unten, 114/115, 124 Mitte (2), 127, 129 – *Peter und Rainer Höh, Berlin und Stetten*: 8/9, 26, 30, 32, 33, 34/35, 38, 59 oben, 114, 130, 132 – *laif, Köln*: 73 oben (Zanettini) – *Roland Irek, Seelze*: 124 unten – *Knut Liese, Ottobrunn*: 6, 22, 23, 47, 50, 51, 52 oben, 65, 67, 81, 98 unten, 107, 112, 133 unten – *LOOK, München*: 52 unten, 58, 104, 105, 106 (2), 117 unten, 118 – *Mauritius, Mittenwald*: 16/17 (Thonig), 94, 94/95 (Pega) – *Gino Russo, Savona*: 8 unten, 10 Mitte, 79, 82, 133 oben – *Ullstein Bild, Berlin*: 15 unten

Zu den beliebtesten Urlaubszielen der kroatischen Küste …

… ab Rijeka, Ancona und Bari

Generalagent: DERTRAFFIC
Beratung und Buchung in Ihrem Reisebüro